삶이 즐거웠던 고려시대 사람들

고려사람들, 노래와 춤으로 신을 맞이하다

고려시대사연구회 지음

도서출판 신서원

[역사여행 003]
삶이 즐거웠던 고려시대 사람들

2006년   12월 10일 초판1쇄 인쇄
2006년   12월 15일 초판1쇄 발행

지은이 : 고려시대사연구회
펴낸이 : 임성렬
펴낸곳 : 도서출판 신서원
　　　서울시 종로구 교남동 47-2 협신빌딩 209호
　　　전화 : 739-0222·3   팩스 : 739-0224
　　　등록번호 : 제1-1805(1994.11.9)

ISBN : 89-7940-703-3

역사여행 003

삶이 즐거웠던 고려시대 사람들

-고려사람들, 노래와 춤으로 신을 맞이하다

도서출판 신서원

머리말

　대학에서 교양 한국사를 강의하면서 아쉽게 느끼는 점
은 해마다 학생들의 한국사에 관한 지식이 점점 줄어든다
는 것이다. 그 이유는 국사가 대학수학능력시험에서 필수
과목이 아닌 사회과 선택과목의 하나가 된 탓도 있지만,
무엇보다도 중·고등학교에서 가르치는 국사의 내용이 제
도사 중심의 어려운 것이어서 자신들과 관련이 없으면 그
다지 관심을 갖지 않는 신세대 학생들의 흥미를 유발하지
못하기 때문일 것이다.

　아울러 일반독자들도 예전과는 달리 딱딱한 내용은 피
하고, 대신 편안하게 읽을 수 있는 것들을 원하는 것 같다.
그 때문인지 최근 한국사 분야에서도 당대를 묘사한 그림
과 일기 및 각종 문집류 등을 통해서 한 시대를 살았던
사람들의 삶과 죽음, 즉 의식주는 물론 관혼상제의 통과의
례와 그 의식세계, 가족생활 등을 생생하게 복원하여 책으
로 출간함으로써 독자로부터 좋은 반응을 얻고 있다.

　고려시대사 연구자들도 이와 같은 일상사나 생활사에
대한 관심이 많다. 그러나 역사는 의욕만으로 서술할 수

없고 반드시 자료가 뒷받침되어야 하는데, 불행하게도 고려시대에는 고구려시대와 같이 사람들의 옷·음식·세계관 등을 보여주는 무덤벽화는 말할 것도 없고, 조선시대처럼 아침부터 저녁까지 사람들의 일상생활에 어떤 일들이 있었는지를 알려주는 일기조차도 없다.

이처럼 자료상의 한계는 있었지만, 실제 사례를 통해 고려시대 사람들의 생활이나 생각을 대중들에게 쉽게 전달하기 위해 편찬한 책이 박용운 외, 『고려시대 사람들 이야기』 I (정치생활), II (경제·사회생활), III (교육·사상 및 문화생활)이었다. 그런데 여전히 정치생활이나 경제생활 분야는 이해하기 어렵다는 독자들의 지적과 함께 어느 곳에서든지 책을 쉽게 펼칠 수 있도록 크기를 줄여달라는 요청이 적지 않았다.

이에 비교적 평이하게 잘 서술된 가족제도사·사상사·사회사·문학사 등에 관한 주제만을 따로 엮어 문고본으로 선보이게 되었다. 지하철이든 공원 벤치에서든, 이 책을 읽으며 잠시 복잡한 현실에서 벗어나 고려시대 사람들과 대화하며 그들과 친해지기 바란다.

끝으로 이 책의 기획과 출판에 힘써 준 신서원 편집부 여러분에게 감사드린다.

필자대표 이진한

차례

쉬어가는 곳

돈을 많이 벌면 출세할 수도 있다

쉬어가는 곳

귀족과 양반

혈통이 개인의 운명을 좌우하다

고려는 개인의 권리와 의무가 그 자신이 속한 신분에 따라 좌우되는 신분제 사회였다. 신분이란 법제적·사회적 불평등 지위로서, 그것은 원칙적으로 혈통으로 세습된다는 데 커다란 특징이 있다. 그러므로 개인은 어떤 혈통, 즉 어느 집안에서 태어나느냐 하는 것이 매우 중요한데, 그렇게 정해진 지위를 세습의 원리에 따라 대대로 이어갔던 것이다.

다시 말하면, 누구나 할아버지·아버지가 속했던 집단의 신분을 잇고, 다시 그것을 아들·손자가 이어가게 마련이었는데, 그런 가운데 자기가 속한 집단의 신분적 지위에 따라 어떤 사람은 특권을 누리고, 또 어떤 사람은 차별대우를 받아야 했다.

고려 사회의 그 같은 신분 구분을 두고 일부 학자들은 법제에서 기준을 구하여 크게 양신분良身分과 천신분賤身分의 둘로 나누기도 한다. 이렇게 법률에 근거하여 신분을 나눌 때의 장점은 그 구분이 매우 명료해진다는 점이다.

하지만 그것은 너무 경직된 기준이어서 사회 현실을 제대로 반영하지 못하는 한계가 있을 뿐더러 근대 이전의 사회에서 모든 사람을 양·천, 곧 양인과 천인만으로 나누는 것은 어느 시기 어느 나라에나 적용될 수 있는 구분법이기 때문에 사회계층론으로서는 적절하지 못하다는 비판도 있다.

그러므로 다른 학자들은 관습·관례 내지는 사회적 인식에서 비롯되는 차별성도 감안하여 신분을 좀더 탄력성 있게 규정하는 것이 옳다는 주장을 펴고 있다. 이전부터 많이 이용해 왔던 구분법으로 지배신분층과 피지배신분층으로 나누는 방식이다. 이 양자의 견해를 고려 때의 구체적인 신분계층에 적용시켜 보면 다음 표와 같다.

양쪽 주장에서 가장 큰 쟁점은 양민을 어디에 포함시키느냐 하는 데 있다. 전자는 양민을 양반·귀족과 동일한 양신분층으로 파악하고 있는 데 비해, 후자에서는 양민을 피지배신분층으로 이해하고 있는 것이다. 후자의 시각에서 보면, 양반·귀족과 일반양민은 사士와 서庶로써 표현되듯이 현실사회에서 상호 대칭되는 신분층인데, 이들 사이

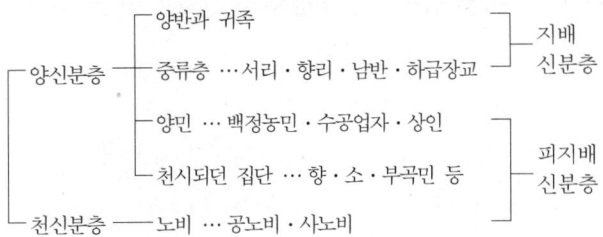

의 상하·귀천의 질서는 양·천의 그것에 못지않게 중요했다는 주장이다. 기준에 따라 신분계층론도 이렇게 달라짐을 알 수 있다.

양반의 의미

기준을 어디에 두든 간에 양반과 귀족은 최고의 신분층이며 지배층이었다. 이 가운데에서 양반이란 말은 우리들이 흔히 '이 양반'·'저 양반'이라고 하듯이 마구 쓰고 있지만 원래는 상당히 제한된 범위의 신분을 뜻하는 용어였다. 즉 국왕은 방향상으로 가장 높은 북쪽의 자리[북좌:北座]에 앉게 되므로 자연히 남쪽을 면하게[남면:南面] 되는데, 그 왕을 중심으로 동쪽에 서는 문신의 반열[班列]을 동반, 서쪽에서는 무신의 반열을 서반이라 불렀다. 이렇게 반열이 두

개라는 뜻에서 양반이라 칭했는데, 그들은 곧 문·무신료층
이었던 것이다. 동반을 문반文班, 서반을 무반武班이라 부르
는 것도 여기에서 비롯된다.

이들은 국왕으로부터 동쪽의 첫자리에 품계가 제일 높
은 문신의 정1품이, 그 다음 종1품, 이어서 정2품 등으로
내려가 종9품까지 자리잡았으며, 서쪽은 더 말할 필요도
없이 무신이 그 같은 순서로 자리잡는 형식이었다.

우리나라에서 문반과 무반이라는 용어가 공식 기록상
처음으로 나타나는 것은 경종 원년(976)에 제정된 토지를
나누어 주는 제도인 전시과에서였다. 그 뒤 성종 14년(995)
에 이르러 관제상으로 양반체제가 갖추어지는데, 이처럼
양반이란 처음에는 문·무신료층만을 지칭하는 용어였다.

그런데 이 양반은 국가체제의 정비와 더불어 점차 신료
뿐만 아니라 그 가족과 가문까지를 포함하는 하나의 지배
신분층을 뜻하는 용어로 전용되었다. 그렇다면 이렇게 양
반이 지배신분층을 나타내는 뜻으로 쓰이게 된 것은 언제
부터였을까?

이 시기를 둘러싸고 연구자 사이에 의견이 엇갈리고
있다. 유교적인 통치이념으로 지배되는 사회에서는 신분
적 특권이 본인과 함께 일정한 범위 내의 그들 가족에게까
지 확대 부여된다는 견해가 있고 보면 그 시기는 고려 초까
지로 앞당겨지게 될 가능성이 많다.

고려에서는 이미 성종 때 유교정치 이념에 입각한 양반 관료체제가 기틀을 잡았다고 이해되고 있기 때문이다. 이렇게 보면 고려를 양반사회라고 규정하더라도 잘못된 이야기는 아니라고 할 수 있다. 고려의 정치적·사회적 지배 세력은 이들 양반이었던 것이다.

귀족사회의 여러 요소

오늘날 고려에 관한 서적들은 보통 고려사회를 귀족사회였다고 설명하고 있다. 특권적 신분층으로서의 귀족들이 국가요직의 대부분을 차지하고 정책의 결정이나 가치의 배분을 자기네 중심으로 운영했던 사회라고 이해한 것이다.

그렇다면 이들 귀족과 양반은 어떤 관계일까? 같은 신분층인가, 아니면 구분되는 신분층인가? 여기에서 다시 귀족에 대한 정의의 문제가 대두되는데, 이들을 서양의 역사에서 잘 드러나고 있는 것처럼 공작·후작·백작 등의 작위귀족으로 한정시킬 수 있다면 문제는 간단하다. 이들은 각각의 작위를 자자손손 세습적으로 이어가면서 거기에 따르는 정치적·경제적·사회적 특권을 누리는 특수신분층이었던 것이다.

고려에도 그와 비슷한 작위제도가 있었다. 그러나 왕족을 제외한 이성異姓으로 작위를 받은 사람들을 보면 대체로 왕실과 인척관계에 있는 고위관료나 국가에 특별한 공로가 있는 몇몇 인물에 한정되고 있으며 또 그것이 자손에게 세습되지도 않은 것 같다. 따라서 고려에서는 작위와 같은 명목상의 기준으로 귀족의 여부를 판가름하기는 어려운 것이다.

이런 난점이 있긴 하지만 요컨대 귀족이 특권신분층이라는 사실에는 다른 의견이 있을 수 없다. 그런데 그 특권적 신분은 사회에 대전환이 있을 때 새로 얻을 수도 있었지만 보통은 혈통, 곧 출생으로 얻어지는 것이었다. 그리하여 귀족은 경제적인 부를 누리는 동시에 사회적으로 인정받는 존재였는데, 그것이 표면으로 드러난 현상의 하나가 좋은 집안과 혼인할 수 있다는 것이었다. 귀족들은 자기네끼리 중첩되는 혼인을 함으로써 폐쇄적인 통혼권을 형성하기도 했던 것이다.

동양의 여러 나라가 그러했지만 고려에서도 이런 특권층으로 행세하는 데 근원이 되는 것은 벼슬, 곧 관직이었다. 귀족은 또한 대부분 관직보유자인데, 그들에게 관직은 정치적 권력의 원천이자 경제적 수입원이며 사회적 위세의 상징이었던 것이다. 따라서 관직을 가지고 있느냐 하는 것은 곧 그 사람의 신분과 연결되었다. 그렇기 때문에 이들을 '관직귀족'이라는 말로 부르기도 한다.

그러나 관직은 가변적인 것이었으므로 고정되어 있는 서양의 작위귀족과는 좀 다른 특수성이 있었다. 그런 점에 약간의 문제가 있긴 하지만 관직이 절대적으로 중요한 위치에 있었던 것도 사실인 만큼 이 부분을 감안해 보면 문·무 양반은 곧 귀족이었다고 이해해도 좋을 것 같다.

사환권仕宦權[벼슬길에 나갈 수 있는 권리]이 없는 신분층과 비교할 때 이들은 특권신분층임에 틀림없었기 때문이다. 그러나 고려 때는 서리나 향리 등도 벼슬길에 나갈 수 있는 길이 공식적으로 트여 있었다. 서리나 향리의 자제가 품관品官으로 진출하는 경우에 그들을 귀족이라고 보기는 어려우므로 이런 측면에서 생각하면 문·무 양반 전체를 귀족으로 이해하는 데는 얼마간의 난점이 따르게 된다. 그러므로 귀족은 양반 가운데서도 남다른 특권을 보장받고 있는 사람들로 한정하는 게 좋겠다는 견해도 나와 있다.

그럴 때 지표의 하나로 제시되고 있는 것이 음서제蔭敍制이다. 음서제란 조상의 음덕에 따라 그 자손에게 벼슬을 주는 일종의 사환보장제도로, 조종묘예祖宗苗裔[국왕족의 후손] 및 공신자손과 5품 이상 고급관료의 자손에게 음직을 주는 세 종류가 있었다.

앞의 두 종류는 좀 특수한 경우이고, 더욱 중요한 의미

를 지닌 것은 세번째 종류인데, 여기에는 다시 정기적·항
례적으로 벼슬을 주는 일반음서와 국왕의 즉위와 같은 특
별한 경우에 벼슬을 주는 특사음서特賜蔭敍가 있었다.

아무튼 신료들은 5품 이상의 고급관료가 되면 그들
자손에게 별다른 제약없이 벼슬을 줄 수 있는 특권을 부
여받고 있었던 것이다. 현재 이 같은 특권에 대해 한 신료
가 1회에 한하여 인정받고 있었느냐, 아니면 여러 번 부여
받았느냐의 문제를 둘러싸고 논쟁이 있기는 하지만, 음직
을 받는 대상이 아들·손자·외손자·사위·조카·외조
카·동생 등이었으므로 그 범위가 매우 넓었다고 할 수
있다.

게다가 실제 사례를 보면, 음서를 통해 벼슬길에 나간
사람들이 대부분 다시 5품 이상으로 진급하고 있다. 그러
면 다시 이들에 의해 자손들은 벼슬을 받을 수 있으므로,
결국 음서를 통해 관직의 전수가 행해지고 있는 것이나 마
찬가지였다는 이야기가 된다.

이처럼 음서제는 대대로 관직을 이어가게 하는 기능을
했고, 그렇게 하여 형성된 가문·문벌 출신들이 고려를 운
영했던 중심이었으므로, 그것은 고려 귀족사회를 유지·발
전시켜 나간 중요한 제도였다고 보는 것이다. 그리하여 그
특권에 참여할 수 있는 5품이상관을 귀족으로 이해하자는
의견이 제시되고 있다.

어느 가문·문벌이 혈통이 아니라 관직을 매개로 하고 있는 데서 비롯되는 제약성은 인정된다. 그러나 그 관직도 당해 가문·문벌—즉 혈통—에서 태어났기 때문에 획득할 수 있는 것이었으므로 음서제에 기반을 둔 위의 주장도 그런대로 수긍할 수 있는 게 아닐까?

음서제와 함께 고려시대에 벼슬길에 나아갈 수 있는 중요한 방식은 과거에 급제하는 것이었다. 그런데 이는 다 아는 대로 학문적인 능력을 시험하여 관리로 선발하는 것이었으므로 음서제 원리와는 서로 반대되는 제도였다. 그러므로 어떤 사람들은 이 제도에 근거하여 고려는 귀족사회가 아니라는 주장을 펴기도 한다.

그러나 과거제가 원리상으로는 비록 그러했으나 실제적으로는 고려의 귀족사회제에서 그렇게 동떨어지게 운영된 제도가 아니었음은 이미 설명해 두었다.

다음으로 음서제와 같은 원리에서 고려의 귀족사회를 뒷받침하는 제도의 하나로 종래에는 공음전시법功蔭田柴法을 들어 왔다. 이 공음전시법은 국가의 여러 일에 복무하는 신료들에게 토지를 나누어주던 제도의 하나인데, 가장 큰 특징은 다른 토지의 경우에는 본인이 죽은 뒤 국가에 반환하도록 되어 있었으나 이것은 자손에게 세습할 수 있도록 한 데 있었다. 그리하여 공음전시는 5품 이상의 귀족관료들에 한하여 지급함으로써 그들의 특권적 생활을 세습적으로 누릴 수 있는 경제적 토대로 마련된 것이라 설명해 왔던 것이다.

그런데 요즘에는 그것은 5품이상관이 아니라 전체관료를 상대로 한 토지분급제라는 주장이 나옴으로써 현재 어느 것이 옳은지 단정하여 말하기는 어렵다. 하지만 종래에는 이 역시 귀족제설의 한 논거가 되곤 했다.

이러한 제도적 측면뿐만 아니라 고려의 귀족사회 모습은 구체적인 귀족관료들의 가계家系와 관직 및 통혼권 등을 통해서 설명되기도 한다. 그 한 예로 고려의 대표적인 문벌 귀족 가문인 경원이씨[인주이씨]가 자주 거론되었다.

이 가문에서는 10여 대에 걸쳐서 5명의 수상과 20명에 가까운 재상을 배출했으며, 왕실 및 주요 귀족가문들과 인척관계를 맺고 있다. 역사서에는 이 집안을 '벌열閥閱' 또는 '해동갑족海東甲族' 등으로 표현하고 있는데, 그만큼 많은 재상을 배출할 수 있었던 데에는 가문이 크게 작용하지 않았나 생각된다.

그 같은 분위기는 우선 음서출신자가 다수라는 사실에서 쉽게 느낄 수 있다. 뿐만 아니라 경원이씨를 크게 일으킨 이자연은 왕실에 딸들을 들이면서 벼슬이 높아지고 그의 처 김씨는 대부인大夫人을 제수받는데, 이 때 그의 아들 이의·이호·이전에게도 특별히 관직이 수여되며, 이들 가운데 이의와 이전은 재상의 지위에까지 오른다.

그리고 이자겸의 경우에도 공작에 봉함을 받을 때 그의 여러 아들에게도 동시에 관직상의 승진조처가 있었다. 이런 일은 귀족사회가 아니고서는 있을 수 없는 사실이다.

한편 혼인관계를 보면, 왕실과는 이자연의 세 딸이 모두 문종비文宗妃가 된 것을 비롯하여 이정·이예의 딸이 각각 선종비, 이호의 딸은 순종비, 그리고 이자겸의 한 딸은 예종비, 두 딸은 인종비가 되었다. 또 당대의 명문인 경주김씨·안산김씨·해주최씨·청주이씨·강릉김씨·광양김씨·수주최씨·남평문씨·정안임씨·수주이씨 등과 인척을 맺고 있다.

당시의 모든 귀족기문들은 왕실과 혼인하여 외척이 되기를 바랐으며, 설령 그렇게는 되지 못하더라도 자기들 상호간에 중첩되는 연인連姻을 맺어 폐쇄적으로 귀족신분의 범위를 지키려고 애썼다. 경원이씨 집안의 예를 통해서 그와 같은 귀족사회의 여러 특성을 충분히 엿볼 수 있는 것이다.

지금 설명한 경원이씨 및 그와 혼인을 맺은 집안 이외에 정주유씨·경주최씨·파평윤씨·평산박씨·철원최씨·영광김씨·전주유씨·청주한씨·직산최씨·공암허씨·개성왕씨 등도 귀족가문들로 알려져 있다. 특히 고려 전기에는 이들 귀족가문 출신들이 거의 모든 정부요직을 차지하고 있었다고 해도 지나친 말은 아닐 것이다.

고려는 정치적·경제적·사회적 특권신분층인 소수의
문벌·귀족가문이 나라의 중요한 직위를 차지하고 그들 중
심으로 국가를 운영해 나간 귀족사회였다고 이해된다.

　　　　　　　　　　　　　　　　　　　　　　박용운

돈을 많이 벌면 출세할 수도 있다

예나 지금이나 경제력은 어떤 나라나 개인을 평가하는 주요 잣대의 하나이다. 동양의 전근대 사회에서는 농업생산력이 가장 중요한 경제적 가치를 지녔다. 이러한 까닭에 상업활동을 통한 이윤은 부차적인 요소로 간주되는 경향이 강했다. 더구나 농업이 본업이라는 전통적인 의식이 당연시되던 사회적 풍토에서 상인은 농민보다 훨씬 낮은 계층으로 천시되었다. 그렇지만 고려시대에는 상업 또한 무시하지 못할 중요한 산업이었다.

시전과 장시

고려시대의 상업은 크게 국내상업과 대외무역으로 구분되며, 국내상업은 다시 도시와 농촌상업으로 나눌 수 있다. 대외무역은 다음 항목에서 설명할 것이므로, 여기에서는 국내상업에 한정시키려 한다. 도시상업은 서울인 개경을 비롯하여 평양·경주·한양 등 큰 도시를 중심으로 발달했다. 이들 도시는 조세를 비롯한 많은 물자가 몰려드는 행정중심지였다. 여러 가지 물품이 집중됨에 따라 자연스럽게 교역이 이루어졌다.

도시상업은 상설점포인 시전市廛을 중심으로 발달했다. 전형적인 시전의 모습을 개경의 예를 통해 살펴보자. 개경의 시전은 고려가 건국된 지 얼마 지나지 않아 설치되었다. 그런데 고려의 시전은 조선과는 차이가 좀 있다. 조선의 시전과 마찬가지로 도시민의 생활용품을 판매하기도 했지만, 주로 관청에서 필요로 하는 물품을 조달하고 나라에서 쓰고 남은 물건을 처분하는 기능을 가지고 있었다.

시전이 이처럼 어용상점의 성격을 띠었으므로 고려 정부는 경시서京市署라는 감독관청을 두었다. 이 곳에는 경시서령京市署令[정7품, 1인]과 경시서승京市署丞[정8품, 2인] 등의 관원이 있었다. 경시서는 시전의 물가와 가격 등을 감독하는 기관이었다. 흉년 혹은 풍년에 따라 쌀의 가격을 조절하고, 터무니없이 가격을 올린 사람을 처벌하기도 했다.

『고려도경』에 따르면 시전은 장랑長廊이라는 길게 이어진 복도형태였다. 그 사이 방문坊門에는 영통·광덕·흥선·통상 등의 간판이 붙어 있었다. 이 간판의 정체에 대해

坊市
王城本無坊市惟自廣化門至府及館皆為長廊以蔽民居時於廊間榜其坊門曰永通曰廣德曰興善曰通商曰存信曰資養曰孝義曰行遜其中實無街衢市井至有斷崖絕壁蓁莽蓊薈荒遂不治之地特外示觀美耳

고려의 시장에 관한 내용을 기록하고 있는 『고려도경(高麗圖經)』 권3, 성읍 방시조

서는 서로 다른 견해가 있다. 어떤 사람은 방문을 장랑의 뒤쪽 동네로 통하는 문으로 파악한다. 하지만 대다수의 의견처럼 시전의 상호명으로 보는 게 타당할 듯하다.

초기 시전의 규모는 잘 알 수가 없다. 다만 예종 때 북쪽의 장랑 건물 65칸이 불탔다는 기록이 있고, 희종 때에는 시전의 장랑 1천여 칸을 개축했다는 내용이 전해진다. 상당한 규모를 갖추고 있었다고 짐작된다.

시전에서는 곡물·삼베·도자기 등의 물건을 팔았을 것으로 추측된다. 그리고 조선시대 시전처럼 전매특권專賣特權[쌀·비단 등 특별한 상품을 독점적으로 판매할 수 있는 권리]이 주어졌을 듯하지만, 안타깝게도 잘 알 수가 없다. 상점의 명칭을 통해 유통된 상품을 구체적으로 찾아볼 수 있다. 도시에는 시전 말고도 서적점書籍店·복두점幞頭店[복두는 각이 지고 위가 평평한 관]·능라점綾羅店[비단판매점] 등 관영상점이 있었다. 이들은 주로 지배층을 대상으로 생산·판매하는 직영상점으로서, 각각 책·복두·비단 등을 팔았다.

화폐유통정책과 관련되어 특별히 생겨난 상점도 있었다. 화폐를 널리 유통시키기 위하여 다점茶店[찻집]·주점酒店[술집]·식미점食味店[음식점]을 설치하여, 이들 상점에서는 반드시 화폐로 값을 치르도록 했다. 그러나 화폐사용은 당시 풍속에 잘 맞지 않음으로써 얼마 지나지 않아 흐지부지되었다.

고려가요 속에서도 상점을 찾을 수 있다. 쌍화점에는 쌍화떡을 사러간 여인이 회회아비에게 손목을 잡힌 내용이 나온다. 회회아비의 회회回回는 아라비아를 뜻한다. 아라비아 상인이 고려에 와서 점포를 열 정도로 고려의 국제무역이 활발했음을 알 수 있다. 동시에 쌍화떡을 파는 점포처럼 특정한 상품만을 전문적으로 판매하는 가게들이 있었음을 짐작케 한다.

농촌유통의 중심은 장시場市였다. 그런데 2·7일, 5·10일 등에 열리는 조선 후기의 5일장처럼 날짜와 간격이 일정하게 정해진 것이 아니었다. 장시는 아침에 나와서 한낮에 장을 보고 저녁까지는 집에 돌아갈 수 있는 교통의 요지에 섰다.

장시에는 농민·관리·수공업자 등 여러 계층의 남녀노소가 장을 보러 나왔다. 이들은 자신이 가지고 나온 물품을 필요한 것으로 바꾸었다. 주된 교환수단은 베였으며, 간혹 은병으로 값을 치르기도 했다. 하지만 금속화폐는 거의 유통되지 않았다. 늘 열리는 시전중심의 도시상업에 비해 농촌의 상업은 그리 발달하지 못한 편이었다.

장시의 전업적인 상인은 곳곳의 장시를 돌아다니는 행상이었다. 대개 등에 짐을 지고 다니는 부상負商이 많았다. 교통 및 상업중심지에 설치된 숙박소인 원院 또한 행상의 활동에 중요한 역할을 했다.

장사치 · 장사꾼 · 상인

교역의 형태나 물품에 따라 상인의 명칭도 다양했다. 이곳저곳을 걸어다니는 행상行商, 배에 물건을 싣고 다니는 선상船商, 수레를 이용하는 거상車商 등이 있었다. 무엇을 파는가에 따라 미곡상·포목상 등으로도 분류되었다.

그런데 유교적인 직업관념이 거의 없어진 지금도 경제인들을 깎아내려 장사치 혹은 장사꾼이라 부를 때가 있다. 사·농·공·상의 신분서열과 귀천을 엄격히 따졌던 고려사회에서는 더 말할 것도 없었다.

상인은 백정농민과 마찬가지로 양인신분이었다. 하지만 사회적 처지는 동등하지 않았다. 상업은 말업末業 내지 천한 일로 간주되었다. 농민과 달리 상인은 사환권仕宦權벼슬할 수 있는 권리이 박탈된 사람들이었다.

전통적 직업관과 아울러 상인의 역할 또한 그들의 사회적 대우에 영향을 주었을 것이다. 상인은 농민의 10분의 1세稅처럼 뚜렷하게 규정된 세금, 즉 '상세商稅'가 없었다. 물론 국경이나 나루터 같은 곳을 통과할 때에는 통관세通關稅를 냈다. 하지만 그것은 고정된 세금의 형태는 아니었다.

고려 후기 인물인 방사량房士良은 "선비·농민·수공업자·상인 가운데 농민이 제일 고달프고, 공장은 그 다음이다. 상인은 아무 일없이 놀면서 무리를 지어 다니며 누에치지 않고도 비단옷을 입는다. 지극히 천하지만 좋은 음식을 먹는다"고 비난했다. '직업에는 귀천이 있다'는 전통적인 의식과 국가 재정문제와 같은 현실적 이유가 상인을 천시하는 풍조로 계속 이어졌다고 생각된다.

그렇다고 상인이 늘 경제적인 부담에서 자유로운 것은 아니었다. 국가에서 군량미 등을 일시적으로 징수할 때 상인들은 많게는 5품 관리와 동일한 양을, 적어도 7·8품의 관료와 같은 액수를 납부하여야 했다. 또 상인들은 권세가나 관리들에게 끝임없이 수탈을 당했다. 예를 들어 시전의 상인에게서 물건을 사고 값을 치르지 않는 경우나 아예 내놓고 빼앗아 가는 사례도 많았다. 부자가 되기란 쉬운 일이 아니었다.

가난한 선비보다 상인이 좋아

경제력은 예나 지금이나 강력한 힘을 발휘하곤 한다. 천시되던 상인도 재력을 무기로 출세하는 경우가 꽤 있었다.

숙종은 즉위 뒤에 대대적으로 관직을 제수했는데, 상당수 상인들이 높은 벼슬을 받았기 때문에 비난을 샀다. 상인은 법적으로 관료가 될 수 없는 계층이었다. 이에 대해 숙종이 조카인 헌종을 몰아내고 왕으로 즉위하는 과정에서 상인세력이 경제적으로 상당한 도움을 주었다는 해석이 있다. 경제력을 토대로 정치세력화한 상인의 출현이었다. 숙종이 주도한 해동통보의 주조와 유통도 같은 맥락에서 이해되기도 한다.

이러한 현상은 후기로 내려올수록 심해진다. 이제현李齊賢이 지은 『익재난고』에, 사대부들이 돈 많은 장사치의 딸을 데려다 부인으로 삼는 내용이 나온다. 든든한 경제력을 가진 상인과 사회적 지위가 높은 사대부 사이에 일종의 연합이 이루어지지 않았나 짐작케 한다.

은천옹주도 비슷한 사례로 들 수 있다. 은천옹주는 본래 사기그릇을 파는 상인의 딸이었다. 그녀는 충혜왕의 눈에 들어 왕비가 되었는데, 세상에서는 사기옹주라는 별칭으로 불렀다.

사기옹주가 궁궐에 들어갈 수 있었던 일차적인 배경은 그녀의 빼어난 미모에 있었다고 할 수 있다. 하지만 다른 이유도 생각해 볼 여지가 있다. 아버지 임신林信의 경제력이 영향을 주었을 가능성을 배제할 수 없다. 충혜왕은 포 4만 8천 필로 시전에 점포를 직접 차리기도 하고, 여러 사람을 시켜 해외무역을 할 정도로 재산 축적에 관심이 많았던 인물이었기 때문이다.

고려 문인 임춘이 쓴 가전체 소설인 공방전(孔方傳) 공방(孔方)이란 엽전에 뚫린 네모난 구멍을 가리키는 말이다.

가전체문학假傳體文學어떤 사물을 의인화하여 사회를 풍자하여 깨우치는 설화문학인 임춘林椿의 공방전孔方傳에서도 돈 많은 상인들의 위세를 엿볼 수 있다. 공방전은 돈을 공방이라는 이름으로 의인화한 작품이다.

여기에서 공방은 성격이 매우 교묘한 인물로 묘사되고 있다. 공방은 세력있는 사람들에게 아부하여 권세를 부리고 벼슬도 마음대로 팔았다. 또 얼마나 부유한지 쌓아놓은 곡식과 뇌물이 산처럼 많아 셀 수조차 없었다.

그런데 공방이 사람을 사귀는 기준은 오직 재물에만 있었다. 돈만 많으면 인격 같은 것은 문제삼지 않았다. 고려 후기 상인이 사대부 집안과 혼인관계를 맺는 당시 현상과도 무관하지 않을 것이다.

공방전은 비록 장사꾼일지라도 돈만 많으면 교제한다는 '저잣거리의 사귐'이 얼마나 저속한가를 풍자한 것이다. 하지만 풍부한 경제력을 토대로 상당수의 상인이 출세하여 권력을 휘두르던 상황을 간접적으로 보여준다.

고려시대 국내상업은 시전과 장시를 중심으로 발달했다. 도시상업의 핵심인 시전은 관영적·어용적 성격이 강했다. 이와 달리 장시는 일반인들을 주대상으로 삼았다. 장시는 상설점포가 아니었고, 베와 쌀 등이 주요 교환수단이 되었다. 따라서 활발한 유통의 구심점으로서의 역할은 제한적이었다고 할 수 있다.

상인은 농민보다 훨씬 낮은 계층으로 천시되었지만, 막대한 경제력을 기반으로 삼아 입신·출세하는 경우도 꽤 있었다. 그리고 이러한 경향은 고려 후기 유통경제의 발달을 배경으로 더욱 두드러져 갔다.

김난옥

노와 비는 왜 가격차이가 있었나?

우리는 '인간은 평등하다'는 명제를 당연하게 받아들이고 있다. 그러나 전근대사회에서는 '귀한 사람과 천한 사람이 따로 있다'고 믿었다. 태어날 때 이미 신분이 정해져 있었다. 고려시대에도 마찬가지였다. 그 가운데 제일 낮은 계층은 노비였다. 노비는 남자종인 노奴와 여자종인 비婢를 합친 말인데, 통상적으로 남녀 구분없이 쓰기도 한다.

노비는 사람임에는 분명하되 사람대접을 받지 못하는 '말하는 도구'였다. 팔고 살 수도, 물려줄 수도, 다른 사람에게 증여할 수도 있는 재물로 간주되었으며, 거의 대부분 성姓도 없었다.

물건처럼 팔리는 사람, 노비

고려시대의 노비는 누가 소유하는가에 따라 공노비公奴

婢와 사노비私奴婢로 나뉜다. 공노비는 국가나 관청 같은 공공기관에 소속된 노비였으며, 사노비는 개인의 소유였다. 절에 딸린 사원노비 역시 사노비의 범주에 포함된다. 공노비와 사노비 모두 신분상 천인이라는 점은 같지만, 존재형태는 조금 차이가 난다.

사노비는 솔거노비와 외거노비로 구분된다. 거느리고 산다는 솔거率居의 의미에서 짐작할 수 있듯이 솔거노비는 주인집에 함께 거주했다. 같은 울타리 안에 살면서 음식을 만들거나 땔나무를 베어오는 등 갖가지 잡다한 일을 맡아보았다. 외거外居는 밖에 산다, 따로 산다는 뜻이다. 외거노비는 솔거노비와는 달리 주인과는 따로 살면서 주로 농경에 종사했다.

사노비는 주로 경제적인 이유로 생겨났다. 흉년이 들거나 가난이 너무 심하면 농민들은 딸·아들을 노비로 팔거나 스스로 부잣집에 종으로 들어가기도 했다. 그러나 일단 노비가 되면 그 자손은 대대로 천인의 멍에를 벗어날 수가 없었다. 굶주림을 면하기 위한 가슴 아픈 선택이었다.

또 권세가가 권력을 이용해 양인을 멋대로 노비로 삼는 압량위천壓良爲賤 같은 불법적 행위로 노비가 생겨나기도 했다. 국가에서는 노비가 양인이 되는 일을 물론 용납하지 않았지만, 특히 양인이 노비로 전락하는 현상을 앉아서 보

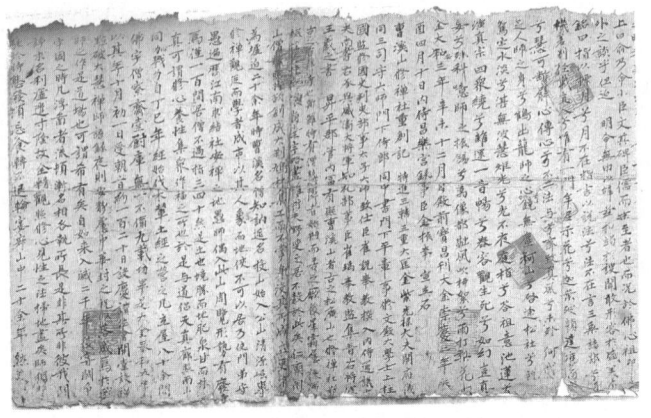

송광사 노비문서

전라남도 승주군 송광면 신평리에 소재한 송광사(松廣寺)에 관한 문서인데, 노비첩이
아울러 수록되어 있어 고려시대 노비에 관한 연구에 중요한 사료로 이용되고 있다.

고만 있지는 않았다. 국가재정의 원천은 거의 대부분 양인
의 다수를 차지하는 백정농민으로부터 나왔기 때문이다.
만약 어떤 사람이 강제로 양인을 노비로 삼아 부릴 경우,
다시 양인으로 신분을 회복시키고 또 그 동안 부려먹은 대
가를 보상하도록 했다.

공노비는 국가나 관청에 속한 노비다. 공노비는 다시
관청에서 주로 심부름이나 잡다한 일을 맡아보는 공역노
비供役奴婢와 국유지를 경작하는 외거노비外居奴婢로 나눌 수
있다.

공역노비는 공공기관에서 일하는 반대급부로 별사別賜
라는 이름의 급료를 받아 생계를 이어갔다. 외거노비 가

운데는 수공업이나 상업에 종사하는 자들도 있었지만, 대개는 농업생산에 종사했다. 토지경작에서 얻는 수입 가운데 일부는 몸값으로 납부하고, 그 나머지로 가계를 꾸려 나갔다.

공노비는 60세가 되면 역役에서 면제되는 정로제丁老制에 의해 노역에서 벗어날 수 있었다. 아울러 사노비와는 달리 국가나 관청의 재산이므로 매매의 대상이 되지 않았다. 이 점에서는 사노비보다 처지가 좀 나은 형편이었다고 할 수 있다. 그러나 면역은 노역의 중지에 불과했다. 신분적인 해방은 결코 아니었다.

공노비는 전쟁포로에서 얻어지기도 했지만, 대부분 반역이나 이적행위와 같은 중대한 범죄를 저지른 사람과 그 자손이 관청에 몰수되어 생겨났다. 공노비 가운데 성姓을 가진 자들이 간혹 보이는 것은 이러한 사실과 관련이 깊다. 그리고 범죄자가 소유한 사노비는 국가에 공노비로 몰수되었다.

겹겹이 쌓인 굴레 속에서

노비는 정상적인 인간 대우를 받지 못했다. 그들의 열

악한 처지는 호적에서도 드러난다. 사노비는 독자적인 호적이 없고 거의 대부분 주인의 호적에 실렸다. 호적에는 노비의 이름과 나이가 기재되었다. 그리고 그 노비가 누구로부터 상속되었는지를 명확히 밝혀놓았다. 어머니 쪽에서 전하여 왔는지[母邊傳來], 아버지로부터 물려받았는지[父邊傳來], 전래된 주체를 기록했다. 나중에 이들 노비를 상속할 때 생겨날 문제를 미리 막기 위해서였다.

아울러 노비는 배우자의 신분도 밝혀야 했다. 본래 고려시대에는 양인은 양인끼리, 천인은 천인끼리 결혼해야 하는 동색혼同色婚의 원칙을 고수하고 있었다. 이에 따라 노비는 노비하고만 혼인해야 했다.

하지만 원칙이 늘 지켜지는 건 아니었다. 노비가 양인과 결혼하는 경우가 꽤 있었다. 그러다 보니 남자종의 아내, 즉 노처奴妻나 여자종의 남편, 즉 비부婢夫가 양인일 수도 있었다. 따라서 노처와 비부가 양인인지 천인인지 반드시 기재했다.

이는 양인과 천인의 혼인, 즉 양천교혼良賤交婚에서 생겨난 자식문제를 해결하기 위한 것이었다. 노비가 양천교혼할 경우 일천즉천一賤則賤, 즉 부모 가운데 하나라도 천인이면 자식은 천인이 되는 제도의 원칙에 따라 그 소생은 모두 노비가 되었다. 그리고 노비의 자식은 천자수모법賤者隨母法, 즉 천인은 어머니 쪽의 소유로 하는 제도에 의해 어머니 소유주의 재산이 되었다.

사노비는 주인을 배반할 수 없었다. 도망가거나 양인이라고 호소할 수도 없었다. 또 주인을 경멸·반항하거나 모함할 처지도 못되었다. 주인이 반역과 같은 중대한 범죄를 저지른 경우를 제외하고는 관가에 고발할 수도 없었다. 주인이 멋대로 자신을 때리거나 벌을 주어도 그저 참을 수밖에 없었다. 사노비는 살해를 제외한 가해행위로부터 법적인 보호를 받을 수 없었다. 노예주는 노비를 살해하지만 않으면 처벌을 받지 않았던 것이다.

사노비는 정상적인 가족을 유지하기도 어려웠다. 호적을 보면 어머니와 아버지가 모두 함께 거주하지 않는 노비 가족이 많다. 여기저기로 팔려가거나 혹은 서로 다른 사람에게 상속되어 가족이 뿔뿔이 흩어져 버렸기 때문이다.

노비라는 질곡은 자손에게도 그대로 이어졌다. 어머니와 아버지 가운데 하나라도 천인이면 자식은 천인이 되어야 했다. 노비는 계속 노비를 재생산했다.

물론 노비가 양인이 될 길이 전혀 없지는 않았다. 전쟁에서 큰공을 세워 천인신분을 벗어나거나, 주인이 노비에서 해방시켜 주는 경우도 있었다. 그러나 전쟁에서 큰 공로를 세운다는 일은 그리 흔한 일이 아니었다. 또한 주인이 노비를 가엾게 여겨 해방시켜 주어도 그걸로 모든 고난이 끝나지 않았다. 만약 해방된 노비가 주인이나 그

친척들에게 공손하지 못한 태도를 보이면 다시 노비로 되돌아가야 했다.

최하층 신분인 노비에게는 여러 가지 제약이 가해졌다. 노비는 벼슬할 수 있는 권리인 사환권仕宦權이 주어지지 않았다. 과거에 응시할 수도 없었고 교육기관에 입학할 자격도 주어지지 않았다. 앞서 설명한 바와 같이 동일한 신분인 노비하고만 혼인해야 했다.

노비의 실체는 팔고 살 수 있는 재물로 취급되는 현실에서 적나라하게 드러난다. 노비는 공정가격이 매겨져 있었다. 성종 때 기준으로 남자종의 가격은 15세 이상~60세 이하는 포 100필, 15세 이하와 60세 이상은 50필이었다. 여자종은 15세 이상~50세 이하는 120필, 15세 이하와 50세 이상은 60필로 정해져 있었다.

가장 비싼 노비는 15세부터 50세 이하의 여자종이었다. 자식을 낳을 수 있는 연령층이기 때문이다. 여자종이 아이를 많이 낳으면 낳을수록 그 주인은 그만큼 재물이 늘어나는 것이다.

그런데 노비의 값은 말에 비하면 싼 편이었다. 조선 전기의 기록에 따르면 말 한 필과 노비 2~3명이 같은 가격으로 거래되었다. 고려시대도 크게 다르지 않았을 것이다. 이렇게 가축보다 가치가 떨어지는 인간, 그들이 바로 노비였다.

주인이 죽어야 내가 산다

시일이 흐르면서 신분질서가 점차 문란해졌다. 특히 무신정권 시기에 들면서 이러한 경향이 심해졌다. 귀한 자와 천한 자, 양인과 천인이 종전처럼 엄격하게 구별되지 못했고, 하극상의 풍조가 만연했다. 이의민李義旼은 어머니가 절의 종이었음에도 불구하고 무신정권기 최고실력자인 무인집정이 되었다. 기생을 어머니로 둔 조원정曹元正은 추밀원부사[정3품]에까지 승진했다. 이처럼 천인계통 출신이 고위관직에 진출하는 사례가 속출했다.

부지런히 재산을 모아 신분상승을 이룬 노비도 있었다. 대표적 인물이 평량平亮이다. 그는 본래 평장사[정2품]를 지낸 김영관의 종이었다. 그 아내 역시 소감[종4품] 관직을 지낸 왕원지의 종이었다. 돈을 많이 번 평량은 권세가에게 뇌물을 주어 천인에서 해방되어 양인이 되었고, 비록 낮긴 하지만 산원동정직의 벼슬도 얻었다. 신분상승의 꿈을 이루었던 것이다.

그런데 마침 평량의 아내의 본주인인 왕원지가 집이 가난하여 가족을 이끌고 와서 의지했다. 그러자 평량은 이들을 후하게 대접하고 서울로 돌아가라고 권유했다. 그리

고서는 몰래 처남들을 시켜 도중에 기다리고 있다가 왕원
지 가족을 몰살했다.

평량은 이제 주인이 없어져 영원히 양인이 될 수 있다
고 스스로 다행하게 여겼다. 하지만 일이 발각되어 처벌받
음으로써 평량의 희망은 물거품이 되었다. 법적으로 양인
이 되었음에도 불구하고 평량은 혹시라도 노비로 되돌아
가게 될까봐 두려움에 떨었다. 노비라는 질곡에서 벗어나
기가 현실적으로 얼마나 어려웠는지를 잘 보여준다.

노비는 인격이 부정된 존재였다. '말하는 도구'에 지
나지 않았다. 자신의 의지와는 상관없이 매매·증여·상
속되었다. 물론 열심히 농사를 지어 어느 정도의 경제력
을 갖추고 농민과 사회-경제적 처지가 거의 같은 노비도
있었으며, 수공업이나 상업을 통해 재산을 모은 사례도
있었다.

그러나 노비의 굴레는 끝없이 대물림되었고, 특별한
경우를 제외하고는 양인이 될 수 없었다. 고려 후기에 신분
상승을 향한 천민들의 봉기가 자주 일어났지만, 거의 대부
분은 실패로 돌아갔다. 노비의 완전한 해방, 진정한 인간으
로의 복귀는 1894년 갑오경장에서야 실현되었다.

김난옥

공경장상의 씨는 따로 있다

무신정권기 신분제의 동요

　고려시대 신분제 운영의 기본원칙은 신분 사이의 이동을 최대한 억제하는 것이었다. 각 신분의 사람들은 저마다 국가에 대하여 일정한 역할을 하도록 되어 있었으며, 그에 따라 그들이 사회적으로 누리는 권리와 의무가 각기 달랐다.

　이러한 원칙은 엄격하게 지켜졌지만, 한편으로 고려는 신분이동을 어느 정도 허용하고 있기도 했다. 즉 상반되는 이 두 원칙이 실제로는 조화를 이룬 것이 고려 전기의 신분제도였다고 할 수 있다.

　그러나 이 두 원칙에서 우선적이고 더 중요했던 것은 신분을 고정시키는 원칙이었다. 신분을 이동시키는 원칙은 어디까지나 부차적인 원칙이었고, 이 둘의 조화라는 것도 전자에 더 큰 비중이 두어진 속에서 이루어진 조화였다. 고려 후기에 와서 보이는 신분제의 동요는 두 원칙 사이에 있었던 종래의 조화가 깨어졌음을 의미하는 것이다.

거란에 이은 여진의 침입을 겪고, 지배층이 문신귀족에서 무신으로 바뀌었던 무신정권 시기는 그 이전 시기에 비해 정치적·사회적으로 혼란스러운 격변의 시기였으며, 무신들의 전횡으로 피지배층이 많은 고통을 받던 때였다. 따라서 이 시기에 농민반란과 노예의 반란이 집중되어 있었던 것은 쉽게 납득할 수 있다.

노예의 반란은 농민반란과는 엄격한 의미에서는 구분되지만 일반백성과 노예가 다같이 피지배층이라는 점과 그들의 반란이 사회혼란기, 즉 기본적으로 먹고살기 힘들어지고 중앙정부의 지배력이 약화되는 시점에서 발발한다는 점에서는 그 궤적을 같이한다. 즉 신분제 아래에서 약자인 피지배층이 사회격변의 시기에 배가되는 압박과 고통을 견디지 못하고 정부의 지배력이 이완되는 틈을 타 반란을 일으켰던 것이다.

고려 초부터 존재했던 노비들은 엄격한 고려의 신분제 속에서 개인이나 국가의 예속물이었다. 그들은 관직에 진출하는 것이 원칙적으로 금지된 존재였음은 물론 지배층의 재산의 일종이었다. 물론 이들도 인간이었으므로 완전히 물적 재산과 동일시되지는 않았으므로 어떤 노예들은 재산을 소유할 수도, 가정을 이룰 수도 있었다. 그러나 그들은 그들 주인의 예속물로서, 주인의 호적에 같이 편재되었으며, 자식은 어머니의 주인에게 다시 예속되었다.

고려사회의 신분제 질서가 잘 유지되고, 엄격히 지켜질 때는 이들의 신분적 상승은 거의 불가능한 일이었다. 집권층인 문벌귀족들은 그들 지배의 토대인 신분제 질서의 유지에 고심했고, 잘 짜여진 지배시스템을 통해 이들을 통제했다. 이런 사회에서는 특수한 경우에 한해 일부 노예가 신분상승을 이루어내기는 하지만 이는 어디까지나 극히 예외적인 상황일 뿐, 어떤 커다란 의미를 부여할 수 있는 현상은 아니었다.

이런 상황은 12세기에 정점을 이루었는데, 이런 지배시스템의 완숙화는 아이러니하게도 그 안에서 변화를 배태시켰다. 문벌귀족들의 지배가 정점에 이르는 동시에 일부 문벌귀족들의 독주는 안정된 시스템에 의거한 지배가 아닌, 개인의 권력에 편향된 지배를 낳은 것이다.

이러한 개인의 권력에 의거한 지배에서 그 토대는 물론 경제적인 부와 함께 물리적인 힘의 상징인 노예였다. 부적절한 경제적인 부의 축적은 사회의 불안을 야기시켜 지배력의 이완을 가져왔고, 이런 경제적인 부의 축적과 개인의 권력에 관여하는 일부 노예들의 신분적 · 경제적 상승을 가져왔다.

이러한 상황은 무신란을 기점으로 배가되었다. 사회의 지배층이 교체되는 격변기는 극심한 지배력의 이완과 함께 신분제의 문란을 가져왔다. 일부 천민은 무신집정의 수족으로서 일반 양인이나, 몰락한 귀족보다 더 나은 경제력과 권력을 가지기도 했으며, 더해서 무신집정이 되기도 했다.

이제 노예들의 신분상승은 광범위하게 일어났으며 이는 필연적으로 그들의 의식을 변화시켰다. 안정된 지배체제에 의한 지배가 아닌 개인의 지배에 그 토대를 제공했던 노예들이 스스로의 힘을 각성한 것이다. 이 같은 상황이 신종 때 만적을 탄생시키게 되었던 것이다.

만적은 그의 연설에서 "공경장상의 씨가 따로 있으랴" 하고 부르짖었는데 이는 무신정권기 피지배층의 의식구조의 단면을 명확히 보여주고 있다. 안정된 지배체제의 붕괴와 노예신분의 실제적 상승 그리고 그러한 것을 통해 각성된 정신, 이것이 무신란 이후 나타난 노예반란의 한 큰 원인이었다.

흔히 혼란기로 그려지는 시대는 다른 각도에서 보면 역동적인 시기라 할 수 있다. 사회 내적으로 일어난 경제적 발전이 기존 여러 사회체제·정치체제를 압박하면 그 사회는 요동치게 된다. 그 격변의 양상은 그 시대를 살아가는 인간들의 의식을 뒤바꾸어 놓는다. 그리고 이러한 것을 가장 잘 보여준 것이 바로 '만적의 난'이었다. 비록 그들의 의도대로 삼한에서 천적賤籍을 불사르지도, 그들 스스로 공경장상이 되지도 못했지만, 연이어 일어난 피지배층의 반란이 고려사회를 커다란 변화의 시기로 몰아간 것만은 분명하다.

만적의 난

주인댁에서 쓸 땔감을 마련하는 것은 개경 귀족가문에 매여 있던 사노私奴들의 임무 가운데 하나였다. 그들은 적당한 거리의 주변 산에서 땔감을 마련하곤 했는데, 만적이 난을 모의했던 북산北山도 이런 산 가운데 하나였다. 땔나무를 하는 인간들은 같은 고통을 안고 살아가는 부류였고, 사람들로 번잡한 왕성과는 떨어져 존재하는 산은 많은 적대적인 이목으로부터 그들을 보호해 주었을 것이다.

난의 모의는 이런 산에서 땔나무를 하는 가운데 이루어졌다. 고된 노동의 중간에 존재하는 휴식은 그들에게 자신들의 불만을 토로하고, 하고자 하는 바에 대한 의견개진이 이루어질 수 있는 자유로운 사고의 시간을 주었다.

어느 날 최충헌의 사노인 만적과 난의 주축인물들인

미조이味助伊·연복延福·소삼小三·효삼孝三 등 6명은 바로 북산에서 나무를 하다가 공사노예를 불러 모아놓고 모의를 했다. 그들이 "나라에서는 경인년·계사년 이후로 높은 벼슬이 천한 노예에게서 많이 나왔다. 공경장상의 씨가 어찌 따로 있으랴. 시기가 오면 누구나 할 수 있는 것이다. 우리들만 어찌 육체를 괴롭히면서 채찍 밑에서 곤욕을 당할 수 있겠는가"라고 선동했고, 나머지 여러 노예들은 그 말을 그럴듯하게 여겼다.

일이 진전되어 그들은 누른 빛깔의 종이 수천 장을 오려서 '정丁'자를 만들어 표식으로 삼고 약속하기를, "갑인일에 흥국사에 모여 일제히 북을 치고 소리지르며 구정으로 몰려가 난을 일으켜, 안과 밖에서 서로 호응하여 최충헌 등을 먼저 죽이고, 나아가 각기 그 주인을 쳐서 죽여 천인 문적을 불살라 삼한에 천인을 없애버리면, 공경장상을 모두 우리가 할 수 있을 것이다" 했다.

남아 있는 기록에는 이 하루의 모의만 소개되어 있다. 그러나 '정'자를 만들어 표지를 한다든가, 거사의 세세한 행동순서가 결정되어 있었던 것을 볼 때, 난의 모의는 여러 차례에 걸쳐 이루어졌을 것이다.

결국 약속한 날이 왔지만 난은 일어나지 않았다. 기약한 대로 모였으나, 그 무리가 수백에 지나지 않았기 때문이었다. 난의 주동자들은 후일 다시 보제사普濟寺에 모이기로 약속하고 무리들에게 비밀을 지킬 것을 당부하고 일단 헤어진다. 그러나 그것이 마지막이었다. 반란의 가담자 가운데 하나였던, 율학박사律學博士 한충유의 가노인 순정順貞이 난을 그 주인에게 고하고, 그는 다시 최충헌에게 고변한 것이다.

난의 중심적인 역할을 했던 만적과 동조자 1백여 인이 강에 던져짐으로써, 만적의 난은 제대로 봉기도 못한 채 끝나버렸다.

기록으로만 보면 거사하지도 못하고 실패한 반란이며, 경과 또한 별로 대단찮아 보인다. 그러나 주의 깊게 살펴보면, 처음 약속한 날에 집합한 자가 수백에 이르렀다는 것, 그럼에도 그 숫자가 그들이 기도했던 것에 비해 미미하기 때문에 거사를 미루었다는 것이 주목된다.

실제로 그들은 황지黃紙 수천을 잘라 '정'자를 새겨 표지를 했으며, 이 난에 참가한 범위가 공사노예뿐만 아니라 궁중의 환자內侍·관노까지도 포함되게끔 계획되어 있었다. 즉 이 난은 겉으로 드러난 것보다 그 규모가 커다란 것이었다.

만적의 난의 원인과 목적은 분명하다. 그들의 수령인 만적이 그 무리를 선동하는 데서 드러나듯이 그들이 자각한 것은 불평등한 신분적 차별이었고, 그들의 목적은 그러한 신분적 차별을 철폐하고, 나아가 그들이 공경장상이 되는 것이었다.

결국 만적 등의 소망대로 천적을 불사르지도, 그들의 주인을 죽이고 그들이 집권자가 되지도 못했지만, 만적의 난은 이후 고려사회에 막대한 영향을 미친다. 뒤이어 개경 가동들의 습전사건智戰事件이 일어났고, 지방에서 노예와 부곡민이 같이 수탈당하는 계층으로서 처지가 비슷한 농민과 연합하여 봉기한 진주민란 등의 항쟁이 일어났다.

그리고 이러한 민중의 저항이 계속됨에 따라, 결국 고려 후기사회에서 꾸준한 변화가 일어난다.

오현필

고려시대의 상거래 수단은 무엇이었을까?

요즘 '고려' 하면 떠오르는 생각은 무엇일까? 아마 대부분의 사람들은 왕건이라고 답할 것이다. 물론 TV드라마의 영향이 크겠지만, 이 드라마에서는 조선시대를 배경으로 한 여타 사극과는 다른 특기할 만한 점이 있다. 바로 사극에는 좀처럼 나오지 않는 외국인이 등장한다는 점이다. 이는 당시 고려의 대외무역이 발달했다는 점을 반영하고 있다.

우리는 중고등학교 국사시간에 'Korea'라는 국명이 바로 고려에서 왔으며, 이 명칭은 당시 고려가 대외무역이 활발하여 널리 아라비아까지 이름이 알려진 데서 유래했다고 배웠다. 고려가 대외무역 면에서 참으로 활발했던 나라였다는 것은 거의 모든 학자들이 공감하고 있다.

당시 동아시아에서 대외무역과 국내상업이 가장 발달한 나라는 중국의 송(宋)이었다. 송나라는 활발한 국내상업을 바탕으로 대외무역에도 적극적이었고 당시 동아시아의 경제에서 가장 중요한 교역국이었다.

중국은 일찍부터 상업이 발달하여 경제주체가 사사로이 화폐를 주조하여 유통할 정도였다. 송나라에서는 이런 점을 잘 파악하여 정부에서 화폐주조에 적극적이었으며 덕분에 송나라에서 주조한 동전은 다른 나라에서까지 유통되는 실정이었다.

아마도 이러한 점 때문에 고려의 대외무역도 활발해지지 않았나 추측되는데, 중국과는 달리 고려의 화폐는 그다지 발달하지 않았던 모양이다. 얼마간의 중국화폐와 고려의 동전·철전이 발굴되기는 했지만 너무도 미미한 양이었다. 또한 사료에서도 화폐유통의 흔적이 별로 두드러지지 않는다. 이유는 무엇일까? 지금부터 고려시대의 화폐주조와 유통을 차례로 살펴보면서 그 이유를 찾아보도록 하자.

성종의 철전주조

금속화폐가 주조되기 이전에는 물품의 교환이 어떻게 이루어졌을까? 화폐라는 것이 물품 교환과정에서 편리성 때문에 등장했다는 점을 고려하면 당시 주로 화폐역할을 했던 것이 무엇인지 추측할 수 있다. 즉 신용을 가진 금속화폐가 등장하기 전에는 주로 운반이 편리하고 그 물품 자체에도 얼마간 실물가치가 있는 상품이 교환의 매개체가 되는 것이다. 당시 이러한 역할을 했던 물품은 쌀과 베였다.

농경사회에서 가장 중요한 상품인 쌀은 일찍부터 교환의 매개체가 되었지만, 장거리 운반의 용이성과 가치의 안정성 덕분에 점차로 베가 많이 쓰이기 시작했다. 따라서 일반적인 교환수단으로서, 가치의 척도로서 가장 널리 사용한 화폐는 포화布貨였다. 고려 전시기에 걸쳐 사용된 포화는 주로 질이 나쁜 추포麤布였다.

추포는 안이 훤히 들여다보일 정도로 얼기설기 짜여진 베였다. 따라서 물품 자체로는 이미 쓸모가 없는 것이었는데, 처음부터 이러한 추포가 화폐기능을 한 것은 아니었다. 적당한 품질의 베인 5승포에서 물가변동으로 인해 점차 질이 나쁜 추포로 바뀌는 것이다. 즉 품질 좋은 포화에서 질이 떨어지는 포화로의 변동은 당시 가치척도인 쌀 가격의 상승에 따른 것으로 풀이할 수 있다.

그런데 이런 물품화폐의 유통은 국가의 입장에서 볼 때에는 전혀 이득이 없는 것이었다. 얼마간의 명목가치를 지닌 금속화폐를 주조·유통하게 되면 그만큼 재정적 이윤을 얻을 수 있게 된다. 또한 공공사업 등에 들어가는 국가 재정의 유출을 금속화폐로 하게 되면 그만큼의 이익을 얻게 된다.

그러나 물품화폐가 유통이 되면 정부는 국가의 상업을

전혀 조절할 수가 없게 된다. 따라서 결국은 금속화폐 주조에 관심을 갖게 되는데, 고려에서 가장 처음 이런 시도를 하게 되는 왕은 바로 성종이었다.

『고려사』나 『고려사절요』 등의 사료를 살펴보면 성종 15년(996)에 처음으로 철전鐵錢을 주조하는 것으로 나온다. 하지만 화폐와 관련한 사업은 이보다 더 일찍 시작되었던 것으로 보인다. 같은 왕 2년(983) 10월에는 주점酒店을 설치하는 기사가 등장하는데, 주점은 숙종이 동전을 주조할 당시에도 비슷한 경우가 보이듯이 화폐의 유통과 밀접한 연관이 있다. 즉 고려시대의 왕들은 금속화폐를 주조하면서 유통을 원활히 하기 위해 주점·식미점食味店 등을 설치했던 것이다.

여하튼 성종은 물품화폐의 유통을 금지시키면서까지 강력히 철전을 유통시키는데, 이는 당시에 정립되어 가던 중앙집권화 과정의 일환으로 풀이할 수도 있다. 그러나 성종의 화폐사업은 결국 실패로 돌아가게 된다. 성종을 뒤를 이어 왕위에 오른 목종이 귀족들의 반발로 결국 선왕의 화폐사업을 후퇴시켜 버렸기 때문이다.

성종이 철전의 유통을 공식화한 지 불과 6년 만인 목종 5년(1002) 7월, 풍속을 놀라게 하여 국가에 이익이 되지 못하고 백성의 원망을 일으킨다는 시중 한언공韓彥恭의 건의에 따라 다점茶店·주점·식미점 등에서만 화폐를 사용하고 백성들이 사사로이 교역할 때는 종전대로 베나 쌀을 사용하도록 했다.

이후 더 이상 철전에 관한 기사는 보이지 않는다. 이는 이미 철전의 유통이 완전히 실패로 돌아갔음을 의미한다.

숙종의 동전 주조

성종의 철전 이후 한동안 『고려사』나 『고려사절요』에는 화폐에 관련된 기사가 나오지 않는다. 다시 화폐에 관련된 기사가 등장하는 것은 숙종 2년(1097)의 일이다. 숙종은 이 해 12월에 주전관鑄錢官을 세우고 화폐의 유통을 명한다. 이후 동왕 6년 4월에는 사람들이 전폐를 사용하는 이점을 알아 편하게 여기니 종묘에 고할 것을 상주하는 등 당시의 동전은 성종의 철전보다 적극적인 유통이 시도된다.

이 당시 주전의 주된 동기는 국가재정 확보와 왕권강화에 있었다. 당시는 거란·여진 등과의 관계에서 위기가 증대했고, 이에 대비할 경제력이 요구되던 상황이었다. 이에 숙종은 의천義天 등의 주전건의를 받아들여 시행했던 것이다. 주전정책을 옹호한 세력은 윤관尹瓘 등 신흥관료와 의천 등 천태종天台宗 계통 사원세력이었다.

숙종은 이들의 지지를 등에 업고 문벌귀족과 법상종法相宗 계통 사원세력의 경제력을 약화시켜 왕권을 강화하고 사원세력의 재편성기반을 조성하려 했던 것이다. 그 때문에 숙종은 화폐의 주조·유통에 적극적일 수밖에 없었다.

숙종은 7년(1102) 9월에 서경에 행차하여 상업을 권장하며 화천별감貨泉別監을 설치하면서 남경에서의 화폐유통 의지를 보인다. 이후 7년 12월에는 화폐유통을 태묘太廟 등에 고하고 동전 1만 5천 관을 재추·문무양반·군인에게 나누어주었다. 또한 개경에 좌우 주무酒務를 설치하여 화폐유통을 촉진하려 했다. 결국 동전유통이 확고해지는 데 약 5년의 시간이 걸린 것인데, 이는 화폐유통으로 손실을 입게되는 문벌귀족층의 반발 때문이었을 것이다.

이후 숙종은 9년 7월에는 관료와 군사에게 관전官錢을 지급하고 주·식점酒食店을 주현에까지 확대하여 화폐의 보급을 도모했다.

고려시대에 유통된 동전은 건원중보乾元重寶·동국통보東國通寶·동국중보東國重寶·해동원보海東元寶·해동중보海東重寶·삼한통보三韓通寶·삼한중보三韓重寶 등이다. 이들은 다시 대독對讀과 회독回讀, 해서·전서·행서·예서·팔분서八分書의 서체, 대형과 소형 등 여러 가지 구분이 있어서 약 100여 종이나 되었다. 이처럼 다양한 형태로 주조된 것은 주조의 다원성과 장기간에 걸쳐 주조된 것을 의미한다.

하지만 숙종 사후 예종睿宗이 등극하자 목종 때와 비슷한 상황이 벌어진다. 예종 원년(1106) 7월의 교서를 보면 이에 대한 예종의 대처가 드러나는데, 예종은 목종과는 달리 화폐유통을 관철하고 있다. 이는 숙종의 화폐유통책이 어느 정도 안정적이었음을 의미하는 동시에 왕권의 강화도 이루어졌음을 의미한다.

또한 『고려도경高麗圖經』을 살펴볼 때 인종仁宗 원년에 주전감鑄錢監이 존속하고 있는 것이 확인되는 것으로 보아 주전사업이 꾸준히 이루어지고 있었던 것으로 생각된다. 또한 같은 책의 약국藥局조를 살펴보면, 약을 사고파는 데 전보錢寶를 사용하고 있다는 기사가 나온다.

그러나 이것 이외에는 동전의 유통상황이 제대로 드러나고 있지 않아서 언제까지 이어졌는지는 잘 알 수 없다. 다만 예종시대 화폐정책의 뒷받침이 되었던 윤관 등이 여진 정벌 실패로 인해 실각하는 정치적 상황 등을 미루어볼 때 동전의 주조가 그리 오래 가지는 못했으리라 추측된다.

은병의 표인과 유통

숙종 6년 6월에는 금속화폐로서 동전뿐만 아니라 은병

銀瓶도 표인되었다. 당시에는 은이 교환수단으로 사용되고 있었는데, 숙종은 이를 바탕으로 은의 법정화폐화를 추구했던 것이다. 여기서 철전과 동전의 주조와 달리 은병을 표인했다고 한 이유는 은병이 이미 사사로이 화폐 역할을 하고 있었는데, 여기에 표인標印을 해서 국가의 통제 아래 편입시켰기 때문이다. 이 은병은 우리나라의 지형을 본떠 만들어져 속칭 활구濶口라 불렸다고 한다.

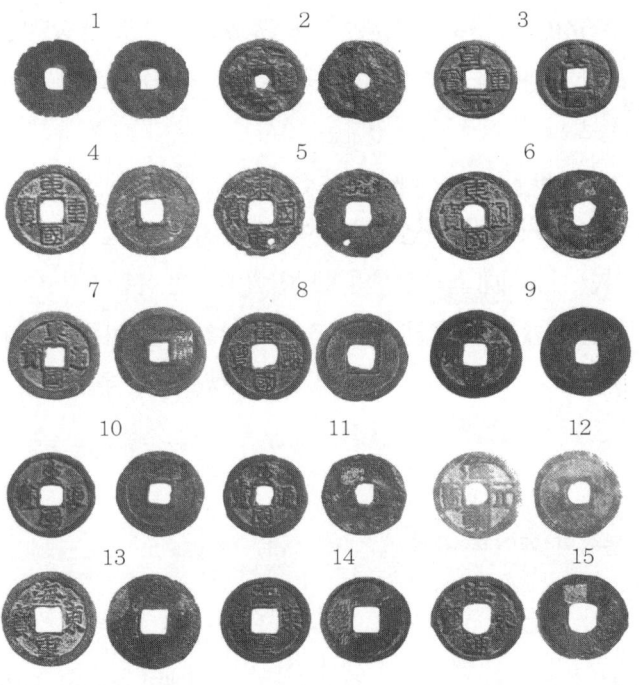

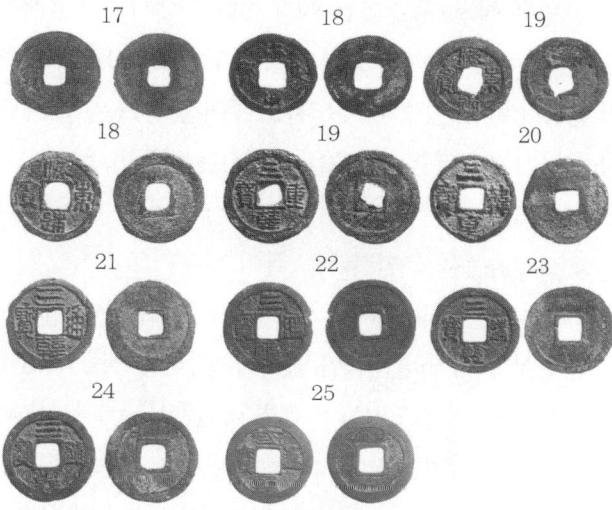

이 그림은 고려시대 화폐로, 1. 무문철전(無文鐵錢), 2～3. 건원중보 배동국전(乾元重寶背東國錢), 4～5. 동국중보(東國重寶), 6～11. 동국통보(東國通寶), 12. 해동원보(海東元寶), 13～14. 해동중보(海東重寶), 15～19. 해동통보(海東通寶), 20～21. 삼한중보(三韓重寶), 22～26. 삼한통보(三韓通寶)이다. 무문전과 건원중보는 1910년대 초에 개성부근에서 발견되었는데, 이 가운데 무문전은 타조(打造)된 것으로 주조(鑄造)된 성종대의 철전보다 기술적으로 훨씬 뒤처진 것이다. 따라서 이는 성종대의 철전은 아닌 듯하며, 부장용(副葬用)이었다는 설도 제기되고 있다. 옆의 건원은 원래 당(唐) 숙종(肅宗)의 연호인데 뒷면에 '동국'이라는 글자로 미루어 중국의 동전명을 빌린 고려의 동전이다. 동국통보·동국중보는 목종대에 주조된 것으로 추측되며 나머지는 숙종대에 주조된 것으로 알려져 있다.

『계림유사(鷄林類事)』에 따르면 은병은 은 12냥 반과 동 2냥 반을 합주하여서 은 1근의 가치를 지니게 만들어졌다고 한다. 은과 동 2냥 반의 차액은 공장의 품삯으로 지불되었다고 한다. 당시 은 1근이 16냥인 점을 고려하면 당시의 은병이 1냥 이상의 부가가치를 지니고 있었음을 알 수 있다.

은병은 철전·동전과는 달리 여러 군데서 유통흔적이 발견된다. 『고려사』나 『고려사절요』 같은 1차사료에도 왕의 은병사여나 권신들에게 뇌물로 주어진 것 또는 일반 백성들 사이에서 유통되었음을 보여주는 글들이 등장한다. 또 『고려도경』에는 일반민들이 시장에서 화폐 대신 베나 은병으로 물품을 교환한다는 글이 나온다.

그런데 이 글의 저자는 서긍徐兢이라는 송나라 사람으로 은병이 고려에서는 공인 금속화폐였다는 것을 몰랐을 것이다. 이런 점을 고려하면 은병이 일반시장에서도 화폐 역할을 하고 있었음을 알 수 있다.

또한 충렬왕 8년(1282) 6월의 기사에서는 물가의 산정을 은병과 쌀의 대비로 하고 있다. 이는 철전과 동전의 유통 때에는 볼 수 없었던 일인데, 그만큼 은병의 유통이 활발했음을 반증하는 것이라 하겠다.

충혜왕 원년(1331) 4월에는 새롭게 소은병을 제작·유통하기도 했다. 이는 당시의 물가가 상당히 올랐음을 의미하기도 하고, 또한 국가의 재정수입을 늘리려는 목적이 있었다고 생각된다. 제도권 밖의 은에 대한 통제를 강화했던 것이다. 이후에도 공민왕 5년(1356) 9월에는 새로이 은전銀錢을 주조하자는 도당都堂의 건의가 등장하는 등 은의 금속화폐화에 관한 논의는 계속 이어지게 된다.

이제까지 고려의 경제단계는 금속화폐의 유통이 부진

하여 물물교환에 머물렀던 것처럼 해석할 수 있는 여지가 있었지만 은병의 유통은 이를 반박할 수 있는 하나의 단서가 될 수도 있을 것이다.

고려시대의 다양한 화폐-금속화폐와 물품화폐

이상에서 살펴보았듯이 고려시대에는 여러 차례 금속화폐유통책이 실시되었다. 그러나 철전과 동전은 소기의 목적을 달성하지 못했고 대신에 쌀과 추포로 대표되는 물품화폐가 유통되었다.

이는 당시 직접생산자가 중심이 된 유통경제가 그다지 활성화되지 못했음을 의미하기도 한다. 반면에 고려왕조의 정책도 미비했음을 알 수 있는데, 고려왕조는 화폐경제를 권장하면서도 실제로는 조세와 공부 및 녹봉을 현물로 지급하여 실제로는 현물경제에 치중하는 이중적 모습을 보여주었다. 그만큼 화폐경제에 대한 지식이 짧았음을 의미한다.

또한 물품화폐에서 명목가치를 가지는 금속화폐로의 이행단계에서 꼭 필요한 화폐 자체의 실물가치를 염두에 두지 않음으로써 경제주체인 일반 백성들이 유통에 의구심을 갖게 했다는 점도 실패의 원인 가운데 하나일 것이다. 이 때문에 소액화폐는 결국 실패했고 물품화폐가 계속 교환의 매개체 역할을 했다.

반면에 고액권인 은병은 꾸준히 유통되는 모습을 보이는데, 이는 은 자체가 가지고 있는 실물가치가 교환에 신용을 주었음을 의미한다고 하겠다. 하지만 은병이 유통되고 있는 동시에 은 또한 사사로이 화폐의 역할을 하고 있었다.

그 이유로는 몇 가지를 꼽을 수 있다.

첫째로 은병의 악화화惡貨化이다. 하지만 은 또한 동과의 도주盜鑄가 문제되는 등 악화화한 반면에 은병은 국가적으로 가치를 변동시켜 가면서 신용성을 부과하는 등 여러 조치가 취해졌으므로 은병의 악화화라는 가능성은 약한 것 같다.

둘째로 제도권 밖의 은이 사적으로 유통되었을 가능성이다. 중국의 일부 지방에서도 나타난 현상이듯이 경제활동 주체들이 서로 사사로이 은화를 주조해 유통하거나 아니면 음성적인 유통에서만 이런 은을 화폐로 사용한다는 것이다. 이런 사실은 은병이 주로 군사들에게 사여되는 등 하향적인 유통이 사료에 드러나는 반면, 은은 뇌물 등 음성적으로 행해지는 아래에서 위로의 상향적 유통이 많이 보인다는 점이다.

셋째로 다양한 '은화'의 유통 가능성이다. 사료에서는

가끔 은전銀錢·은폐銀幣 등의 용어가 보인다. 은병처럼 표인이나 주조했다는 사료가 전혀 보이지를 않아서 단정할수 없지만 쇄은의 사용과 고려 말엽의 이러한 쇄은에 대한표인과 은전주조 등으로 미루어 후기에 새로운 형태의 공인은화가 유통되었을 가능성도 배제할 수는 없다.

넷째로 은병의 주조량이 적었을 가능성이다. 실제로사치품인 은향로가 은을 30근이나 소비하는 데 반해 은병1구는 실제 은 1근이 채 되지 않는 양이다. 이는 은 1근의가치가 생각보다 크지 않았을 가능성을 제기하는 것인데, 은병유통의 사료에서 확인되는 은병의 수량은 극히 적다.

숙종이 동전을 주조하고 분급할 때에도 1만 5천관이나되는 양이었고, 더욱이 이 양도 사용처에 비해 적다고 하는판에 은병의 사여는 아무리 많아도 40여 구에 지나지 않고있다. 따라서 실제로 유통되는 은에 비해 그 주조량이 너무적어 불가피하게 은이 화폐 역할을 계속하게 되었다는 것이다.

어떠한 이유에서든지 국가가 공인하여 주조하는 화폐가 아닌 것은 국가의 이익이 보장되지 않는다. 그럼에도불구하고 은이 여러 형태로 경제행위자들 사이에서 화폐역할을 하고 있는 것은 결국 은병으로 대표되는 국가의 금속화폐유통책이 경제행위자의 편의를 위한 것이기보다는재정수입의 증대를 목적으로 하는 하향적 유통이었기 때문이다.

송나라 동전의 국내유통, 원나라 보초寶鈔의 유통, 은병의 유통으로 지배층의 경제적 이익은 담보할 수 있었고, 그밖에 것에는 크게 관심을 두지 않았기 때문에 경제행위자들의 편의에 의해서 화폐대체물이 함께 유통되었다는 것이다. 물품화폐인 포布가 대표적인데, 은 또한 그 편의성 때문에 반半물품화폐적 역할을 했다.

화폐유통이 지배층 중심이었다는 점은 새로운 화폐책이 원의 쇠퇴기 이후에 집중적으로 등장하는 것에서도 알 수 있다. 원 간섭기 이후 원의 화폐인 보초를 유통시킴으로써 얻을 수 있던 국가의 재정수입은 원이 쇠퇴해짐에 따라 보초가 신용을 잃게 되자 대안이 필요했던 것이다.

그 이전에는 은을 비롯한 반半물품화폐가 중국의 화폐 및 은병 등 국가공인 화폐와 같이 유통되어도 별 신경을 쓰지 않았지만, 가장 큰 축이 무너지자 서둘러 재정수입을 유지할 수 있는 새로운 형태의 화폐유통책을 모색했던 것이다.

이상으로 상거래 수단인 고려시대의 화폐에 대해서 간략히 살펴보았다. 금속화폐가 완전히 정착하지 못하고 물품화폐와 같이 유통되었다는 것이 고려시대의 경제수준을 판가름하는 척도가 될 수는 없을 것이다. 앞서도 살펴보았듯이 당시의 화폐정책이 아직은 미숙한 상태였기 때문에 실패했다고 보아야 할 것이며, 은병과 은의 유통, 추포의 활발한 유통 등은 당시의 상업이 어느 정도 발달했음을 보여주는 것이라 할 수 있다.

김도연

쉬어가는 곳

소주는 언제부터 마셨는가?

쉬어가는 곳

고려사람들은 무엇을 먹고 살았을까?

한 통계에 따르면 한국인 한 사람의 1일 곡류섭취량은 1969년에 약 560g이었던 것이, 1980년대 후반에는 330~390g으로 감소했다고 한다. 근년 우리의 식생활에서 곡류의 섭취가 현저히 감소하는 실태를 수치로 보여준다. 한편 곡물 가운데 쌀 섭취비율은 1969년 49.9%에서 1989년 96.6%로 증가함으로써 곡물에서 쌀 비중의 절대화가 근년에 급격히 진전되었음을 말해 주고 있다.

쌀은 '곡식' 이상의 것이었다

한국인의 먹거리의 중심은 역시 쌀이라고 생각된다. 그러나 벼농사가 우리나라 곡물생산의 가장 중요한 위치를 갖게 된 것은 삼국시대, 대략 6세기 이후의 일로서, 벼농사는 이후 한국역사의 흐름 속에서 그 비중을 꾸준히 확대시켜 온 것이다.

이러한 점에서 고려시대는 한국인의 식생활에서 여러 잡곡에 대하여 쌀의 주도적 위치가 확인되는 시기였다고 할 수 있다. 삼국시대에는 노역동원이 봄에 많이 행해진 것에 비해 고려시대에는 가을에 동원되는 일이 많았다는 사실은, 이 같은 변화의 한 증거로 들 수 있다.

벼는 그 성격에 따라 메벼와 찰벼, 올벼와 늦벼 등의 구분이 있었으며, 선명도蟬鳴稻와 경조京租와 같은 품종이 있었다. 경조는 건답법에 사용된 품종으로 늦벼 종류로 추정된다. 12세기 이후 점성도占城稻와 같은 환경적응력이 강한 인디카형의 신품종, 중국 강남에서 재배되던 선명도와 같은 올벼 품종이 도입되어 고려 후기에는 올벼와 늦벼 등 다양한 벼의 생산에 의하여 도작지역이 북부지방까지 확대되었던 것으로 보인다.

『고려도경』에는 "고려에는 멥쌀은 있고 찹쌀은 없다. 멥쌀은 그 알갱이가 특히 크고 맛이 달다"고 했다. 또 『송사』에도 고려는 토질이 메벼에 적합하다는 등의 기록이 보인다.

쌀에는 여러 종류가 있다. 특히 도정의 정도에 따라 조미糙米 · 경미粳米 · 백미白米 등으로 구분되었다. 조미는 왕겨만 벗긴 것, 즉 현미이며, 경미는 바로 밥을 지어먹을 수 있는 멥쌀로 추정된다. 아마 고려시대 녹봉용·공상용·국용용·군자용 전조田租는 대체로 경미의 형태로 수취되거나 지급된 것으로 보인다.

고려시대에는 벼의 생산이 늘어 쌀이 이전보다 더욱 중요한 곡물의 위치를 차지했으므로 자연히 그 생산을 늘리기 위한 노력을 끊임없이 기울였다. 고려시대 전체에 걸친 저수지의 보수와 수축에 의한 수리시설 확충, 황무지 개간, 방조제 수축에 의한 연해 저습지의 간척지 개발, 농업생산 기술의 발전, 거름주기의 확산, 새로운 품종의 보급 등이 그것이다.

12세기에 고려를 방문했던 송나라의 사신 서긍은 "좁은 산골짜기에 연이어진 논을 멀리서 바라보니 마치 사닥다리를 보는 것 같다"고 당시 산기슭에 개발된 논의 모습을 묘사했다.

고려시대에는 미곡이 단순한 식량으로서 뿐만 아니라 국가사회의 운영의 중요한 경제도구로서 자리를 잡았다는 점을 주목할 수 있다. 무엇보다도 조세의 수취가 미곡 중심으로 제도화했으며 미곡은 관리들에 대한 녹봉의 지급에 사용되었고, 포상의 도구 혹은 화폐와 같은 유통수단으로서도 기능했다. 이러한 점에서 쌀은 최고의 식량이었을 뿐만 아니라, 경제구조의 중요한 기반이었던 것이다.

다양한 곡식의 생산과 소비

고려시대에 이르러 쌀이 여러 곡물 가운데 중심적 지위를 제도적으로 확보했다는 점은 중요하다. 그러나 일반사람들의 식생활이 바로 쌀중심이었다고 보기는 어렵다. 쌀의 생산과 공급의 양이 아직 그에 미칠 정도는 아니었기 때문이다.

쌀 이외의 다양한 곡식이 생산되고 소비되었을 것이다. 다양한 밭곡식은 광범위하게 퍼진 다양한 형태의 밭에서 재배되었을 것이다. 아마 고려시대에는 논보다 밭의 면적이 훨씬 컸으리라고 생각된다. 벼는 원래 덥고 강수량이 풍부한 지역에 적합한 식물이므로, 벼농사를 확대하기 위해서는 까다로운 여러 제한조건을 만족시켜야 했기 때문이다.

이 같은 이유로 고려조에는 '5곡' 혹은 '9곡' 등의 용어가 등장하고 있다. 당시 '5곡' 혹은 '9곡'의 곡물 종류가 고정적으로 정해져 있었던 것 같지는 않지만, 대개 벼[쌀]·기장[黍·稷]·조[粟·粱]·보리·밀·콩·팥·마麻 정도였을 것으로 생각되고 있다.

이들 곡식 가운데 쌀 다음으로 중요한 것은 역시 보

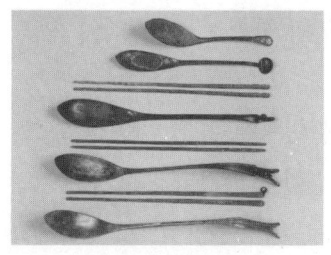

고려시대의 청동수저
청동으로 제작된 숟가락은 시면(匙面)이 타원형으로 길고 움푹 파여 있으며 손잡이 부분이 Ʃ자형으로 휘어졌으며, 젓가락의 경우 위의 것은 나선형으로 자루 끝 부분을 마감했으며, 아래 것은 자루 끝에 구멍을 뚫고 고리를 장식했다.[길이 16.9~28.2cm]

리·조·콩류이다. 문종 7년(1053) 좌창에 수납된 곡식의 종류가 쌀·보리·조였다는 것은 쌀에 버금가는 보리와 조의 비중을 말해 준다. 쌀이 가을에 수확되는 것에 비하여 보리와 조는 늦봄이나 여름에 수확되므로 식량의 지속적 공급을 가능케 한다는 점에서도 그 이유가 있었을 것이다.

곡식으로서의 조는 요즘에는 사용량이 극히 적지만, 이 시기에는 대단히 큰 비중을 갖는 밭곡식이었다. 아마도 일반인에게는 비싼 쌀보다 조가 일반적인 곡물의 하나였을 것이다.

조에는 여러 종류가 있어, 속粟과 양粱의 구분이 있었다. 그 차이를 잘 알 수는 없지만, 양이 속보다 알이 다소 굵은 종류였던 듯하다. 『고려도경』에는 '한속寒粟'을 언급하고 있는데, 이는 찰기가 있는 '차조'를 지칭하는 것으로 보이는데, 멥쌀과 찹쌀처럼 차조와 메조가 함께 경작되었음을 짐작케 한다.

보리는 대개 가을에 심어 늦봄부터 초여름에 걸쳐 수확

하는 추맥이 중심이었으며, 밀과 함께 대맥·소맥의 2맥으로 불리기도 했다.

콩은 여러 가지 종류가 있었으며, 또한 가공식품으로 만들어지기도 했다. 민간에 일반화된 것이라 보기는 어렵지만 이미 고려시대에 두부가 별미의 영양식으로 이용되고 있었다.

곡식만으로는 해결이 어려웠다

고려시대에 오늘과 같은 하루 세 끼의 식사가 일반적이었을까? 이에 대해서는 "하루에 세 끼를 먹는다"거나 "날마다 세 끼 맛있는 음식을 갖추어 먼저 부모에게 바쳤다"든가, 힘든 노역을 하는 자에게 세 끼 양식을 계산한 기록이 있다.

또한 고려시대 기록에 하루의 끼니를 '조석朝夕' 즉 '아침·저녁'으로 표현한 경우가 흔히 확인된다. 이 때문에 기본의 끼니는 아침·저녁의 두 끼였고, 고위관원이나 부자 혹은 힘든 노동을 할 때에는 세 끼를 먹었으나, 이 경우 낮의 식사량은 많지 않았을 것으로 추측하고 있다. 즉 기본은 두 끼였지만, 여유있는 이는 가볍게 점심을 챙겨들었다는 것이다.

그러나 기록에서의 '조석'이 반드시 '아침·저녁'의 두 끼만을 의미하는 것인지는 다소 의문이 있다. 오늘날에도 '조석의 끼니'라는 말을 쓰지만, 그것이 반드시 '아침·저녁의 끼니'만을 의미하지 않기 때문이다. 또 인구의 대부분을 차지했을 농민들의 삶은 매일이 힘든 노동의 연속이었을 것이기 때문에 점심을 거르는 경우란 식량이 여의치 못한 부득이한 사정 때문이었을 것이다.

이렇게 생각하면 고려시대 역시 기본적으로는 오늘과 같은 세끼식사가 원칙이었을 것으로 보는 것이 옳지 않을까 한다. 다만 식량사정이 여의치 않았던 실정 때문에 세끼를 갖추어 먹지 못하는 경우가 많았고, 점심을 가볍게 때우는 경우가 많았을 것이다.

끼니를 해결하는 문제는 간단하지 않았다. 비록 몽골의 침입으로 인한 강화도 시기의 일이기는 하지만, 이규보의 시에는 명색이 재상인 자신도 '끼니를 자주 거른다'는 표현이 자주 나타나고 있다. 원종 때는 "수라를 지을 쌀이 없다고 하여 왕이 저녁밥 한 끼를 그만두었다"는 기록도 보이고 있다. 하루하루 끼니를 해결하는 문제는 인생사의 중대한 문제였고, '무엇을 먹을까' 하는 과제야말로 대부분의 사람들에게는 무거운 일상의 짐이었던 것이다.

『동문선』에 실린 윤소종의 다음 시는 여름 이후의 식량으로 조가 매우 중요한 것임은 물론 식량부족이 당시에는 매우 일상적인 민간의 사정이었음을 암시하고 있다.

슬프다 유월철에 심은 조는 아직 익지 않았는데
아이는 병들어 나무뿌리 씹으며
천장을 바라보며 슬픔을 머금었네
머리털 잘라 술지게미를 바꿔오니
쉬고 썩어서 먹을 수 없구나

끼니를 해결하는 것은 일반적인 식량만으로는 불가능했을 것이다. 이 때문에 식량의 역할을 할 수 있는 대체식물의 확보도 중요한 관심이었을 것이다. 말먹이로 쓰이는 피(稗)를 잡곡에 섞어 밥을 지어먹기도 했으며, 들과 산에서 자생하는 각종 식물이 끼니의 부족을 보충하는 자원이 되기도 했을 것이다.

그 가운데 가장 선호되었던 식물의 하나가 산 속의 도토리였다. 이달충의 「산촌잡영」이라는 시에는 '도토리 살쪘으니 삶아 밥 대신'이라 했고, 충렬왕은 흉년에 백성을 생각하여 상수리[도토리]를 올리게 하여 맛을 보았다 한다. 즉 산 속의 도토리 종류는 곡식의 부족을 보충하는 대표적인 대체식물이었던 것이다.

『동문선』에는 윤여형의 「예율가[도톨밤노래]」라는 다음과 같은 시가 실려 있다.

도톨밤 도톨밤, 밤 아닌 밤
누가 도톨밤이라 이름지었는가…
시골 늙은이 마른밥(糗) 싸가지고
수탉소리 듣고 새벽에 일어나서
일만 길이나 되는 벼랑에 기어올라
칡넝쿨 헤치며 원숭이와 다툰다.
온종일 주웠어도 광주리에 차지 않는데…
늙은 농부는 나보고 자세히 하소연 한다

육식은 일반적이지 않았다

　농경이 중심인 고려인에게 육식은 일반적인 음식은 아
니었다. 거기에 불교문화의 영향으로 육식문화는 일정한
제약을 받았다. 종종 살생의 금지 혹은 육식의 절제를 권장
하는 국왕의 입장이 공표되고 있는 것도 이 같은 불교적
분위기의 한 반영이었다. 12세기 송의 사신 서긍은 이 같은
고려의 음식문화에 대하여 다음과 같이 전하고 있다.

　고려는 정치가 심히 어질어 부처를 좋아하고 살생을 경계하
기 때문에 국왕이나 고관이 아니면 양과 돼지고기를 먹지
못한다. 또한 도살을 좋아하지 아니하며 다만 사신이 이르면

미리 양과 돼지를 길렀다가 그 때에 사용한다.

이 같은 사회적 분위기로 인하여 육식문화의 중요한
과정인 도축법이 매우 미숙하고 원시적이었다는 것이 서
긍의 관찰이었다. 아마 육식을 위한 '축산'의 개념은 사회
적으로 매우 제약되었던 것이 분명하다.

그렇다고 하여 고려시대에 육식이 전혀 금기였다고는
볼 수 없다. 농촌에서 민간인들에게는 닭이나 개는 여전히
친숙한 가축이었으며, 소고기 혹은 돼지고기도 간혹 식용
되었다. 김극기의 시에 "여우나 토끼를 사냥하여 날 것으
로 먹는 것이 무엇이 이상하랴"고 한 것을 보면, 가끔은
들짐승을 잡아 별미로 먹기도 했음을 알 수 있다.

고려의 식생활은 13세기 후반 원 간섭기를 계기로 일정
한 영향을 받은 것 같다. 즉 육류소비의 증가 내지 몽골의
조리법과 같은 음식문화의 영향이다. 이에 따라 왕실이나
귀족 사이에 양고기·말고기가 식용되고, 이를 위하여 원
으로부터 양을 수입하기까지 했다.

소주의 전래와 보급도 이 같은 육식의 일반화와 관련
이 있는 것으로 보인다. 소의 내장을 구워먹거나, 불고기
혹은 갈비류도 이미 등장한 것 같다. 그러나 전체적인 식
문화에서 보면 육식이 차지하는 비중은 그리 크지 않았을
것이다.

붉지 않은 무김치

밥은 반찬, 즉 부식과 함께 섭취하는 것을 전제로 한다. 부식으로는 채소류와 채소를 가공한 김치 그리고 수산물·젓갈 등을 들 수 있다. 그 가운데 장아찌·김치 등의 반찬은 고려시대에도 있었다. 13세기 초 「가포6영」이라는 이규보의 시는 우리나라에서 김치에 대한 가장 오랜 기록이다.

담근 장아찌는 여름철에 먹기 좋고
소금에 절인 김치 겨울 내내 반찬되네

이에 따르면 쉽게 변질하지 않는 대표적인 밑반찬으로 여름에는 장아찌, 겨울에는 김치를 들고 있다. 그러나 당시의 김치는 오늘날의 것과 같지 않았다. 우선 고추가 없었으므로 붉지 않고 맵지 않은 김치였다. 아마 소금물에 담가 수분을 뺀 것으로, 마늘이나 생강과 같은 향신료를 넣어 맛을 돋웠을 것이다. 또 오늘날 김치의 주재료가 되는 배추도 없었으므로, 김치의 재료는 무 종류가 주로 쓰였던 것으로 보인다.

이규보의 시 「가포6영」에 등장하는 6가지 채소는 오이

[瓜]·가지[茄]·순무[蕪]·파[葱]·아욱[葵]·박이다. 이 6가지는 식생활에 일반적으로 쓰인 채소로서, 그 가운데 순무는 김치의 재료가 되었을 것이다.

과일로는 밤·배·잣·대추·능금·복숭아·비자·앵두·호두·도토리·감·포도·귤 등이 기록에 보이지만 식생활에서 차지하는 비중은 미미했다. 수산물이나 해산물도 여전히 귀중한 식품으로 활용되었을 것이다. 이들 식품은 선사 이래로 매우 중요한 식품으로서 조선 초의 각종 지리서에 특산물로 상세히 다루는 것을 볼 때, 고려시대에도 이들 수산물 혹은 해산물은 매우 중시되었음을 짐작할 수 있다.

윤용혁

소주는 언제부터 마셨는가?

서민의 술 소주 - 소주는 어떻게 대중화되었을까?

우리나라 사람들의 술 소비량은 세계적 수준이라고 한
다. 빠르게 변화하는 경쟁사회에서 현대인들은 정신적으
로 육체적으로 많은 스트레스를 받으며 살고 있고, 그것을
해소하기 위하여 직접 운동을 하거나 각종 경기를 보면서
즐긴다. 여가생활을 즐기도록 도와주는 여러 사업도 이런
현실 때문에 날로 번창한다. 그러나 여전히 많은 현대인들
은 술을 통하여 쌓인 스트레스를 풀고 또한 친목을 도모하
기도 한다.

그런 역할을 하는 술 가운데 우리나라 일반서민들에게
가장 대중적인 술은 어떤 것일까? 그것은 당연히 소주燒酒
일 것이다. 비록 요즈음 양주·와인·맥주 등의 소비량이
갈수록 증가하고 있고, 또 과일이나 약재를 포함한 특색있

는 술도 많은 인기를 끌고 있기는 하지만, 가장 많은 사람들이 즐겨 마시는 술은 소주라고 할 것이다. 이런 소주의 인기는 국내만이 아니다. 외국에 사는 동포들도 고향의 맛을 느껴보고 싶을 때 소주를 많이 찾는다고 한다.

소주는 밑술을 증류하여 이슬처럼 받아내는 술이라고 하여 노주露酒, 불을 이용한다 하여 화주火酒, 또는 한주汗酒·기주氣酒 등 다양하게 불렸다. 또한 지방에 따라 각각 다른 이름을 가지고 있었는데, 개성에서는 '아락주', 평북지방에서는 '아랑주', 경북과 전남·충북 일부에서는 '새주'·'세주'라고 했다. 진주에서는 '쇠주', 하동과 목포·서귀포 등지에서는 '아랑주', 연천에서는 '아래지', 순천과 해남에서는 '효주'라고 불렸다.

이러한 소주가 대중화의 전기를 맞게 된 것은 일제강점기에 들면서였다. 기계화한 시설에 따라 대량생산의 길이 열렸기 때문이다. 당시 소주는 일제가 세금수입을 올리는 데 큰 역할을 했다고 하니 그 또한 우리 역사의 아픔이 아닐 수 없다.

박정희정권 시절인 1965년 '양곡관리법'에 따라 양곡을 증류해 빚는 증류식 소주가 전면 금지되면서 소주의 전성시대는 1차로 막을 내렸다. 3백여 개에 달하던 소주회사가 10여 개 회사로 통폐합되고, 소주의 원료인 주정을 국가에서 배분하도록 하는 '주정배정제도'가 도입되어 소주업계는 호된 시련기를 맞게 되었다.

또한 곡류의 사용이 금지됨에 따라 우리의 고유한 풍미와 정성어린 증류식 순곡주 및 그 제조기술 등은 자취를 감추고, 고구마·당밀·타피오카 등을 원료로 하여 만든 주정에 물을 타는 희석식 소주로 바뀌어 오늘에 이르고 있다.

그런 한편 박정희정권은 서민들의 불만을 억제하기 위하여 소줏값을 올리지 못하게 하는 정책을 실시했다. 그리하여 이후 소주는 값싼 술로 자리를 잡으면서 서민의 술이 될 수 있었다.

귀족의 술 소주 — 소주의 역사

현재 가장 서민적인 술로 인정받는 소주는 사실 매우 귀족적인 술이었다. 또한 우리 민족의 고유한 술은 아니었다. 그것은 고려 때 원나라를 통하여 우리나라에 전해진 술이다. 현재 전통소주 가운데 일반인들에게 잘 알려진 것 가운데 하나가 안동소주인데, 안동에서 일찍부터 소주 제조법이 발달할 수 있었던 것은 우리 역사의 가슴 아픈 기억과 관련이 있다. 고려는 몽골의 침입을 받아 30여 년을 투

쟁했지만, 결국 원나라의 간섭을 받게 된다.

그 무렵 고려는 원나라의 압력으로 일본정벌의 전초기지가 될 수밖에 없었는데, 그 당시 안동에는 일본원정을 목적으로 한 원나라의 군대가 장기간 주둔했다고 한다. 아마도 그 때 소주 제조법이 그 지역에 유포되었고, 원나라 군대가 철수한 뒤에도 안동지역은 소주의 유명산지가 될수 있었던 것이다. 당시 원나라 사람들이 장기간 거주했던 개성과 제주도에서 소주의 제조법이 발달했던 것도 역시같은 맥락이었다고 볼 수 있다.

그렇다면 소주는 원나라에서 처음 만들어졌던 것일까? 그것도 역시 아니다. 전통소주는 증류주인데, 술을 증류하는 법은 페르시아 지역에서 처음 발달되었으며, 그것이 교역로를 따라 원나라에 전해졌던 것이다. 소주와 같은 의미를 가진 아라비아어가 아락araq인데, 중국문헌에서 소주를 아라길주亞剌吉酒라고 기록한 것이나, 우리나라에서는 평안북도에서 소주를 아랑주, 개성지방에서 아락주라고 하는 데서도 원산지에 대한 흔적이 드러난다.

이렇게 전래된 소주의 제조에는 다른 술보다 많은 곡식을 필요로 했고, 제조방법도 까다로웠기 때문에 소수의 상류층만 즐길 수 있는 사치품이었다. 그러나 소수의 귀족 사이에서 기호품으로 상당히 빠른 속도로 자리를 잡아갔다. 오늘날 일부 몰지각한 사람들이 외제와 명품을 지나치게 밝히는 것과 당시 소주가 귀족 사이에서 유행했던 것은 비슷한 맥락인지도 모르겠다.

이렇게 고가의 사치품이 많이 유통하는 것은 국가경제에 악영향을 끼칠 수밖에 없었고, 당연히 국가에서는 그것을 금하는 조처가 있었다. 1375년(우왕 1) 우왕禑王은 사치를 막기 위하여 교서를 내렸는데, 비단 및 금과 옥으로 만든 그릇 등의 사용을 일절 금하게 하면서 아울러 소주를 사용하지 못하게 했다. 그러나 이 법은 제대로 지켜지지 않았다.

당시는 왜구가 빈번하게 침입하던 때인 까닭에 각 지역마다 왜구를 막기 위해 군대가 파견되었다. 그런데 경상도 지역 책임자로 있던 장수 김진金縝은 왜구방비에는 신경을 쓰지 않으면서 휘하의 군사들이 조금만 뜻을 거슬러도 매를 치고 욕함으로써 일반군사들의 원망을 샀다. 그는 더나아가 기생들을 불러모아 밤낮으로 술만 마셨는데, 그가 즐긴 술이 소주였다고 한다. 그래서 일반군사들은 그들을 소주도燒酒徒라 불렀다.

어느 날 왜구가 마산지역에 쳐들어 왔는데, 군사들이 "소주도를 시켜 적을 치게 해야 할 것이다. 우리가 어찌 싸울 수 있겠는가?" 하고 싸우지 않아, 그 지역이 크게 노략질당했다는 기록이 남아 있다.

이렇게 전쟁터에서도 소주를 금지하라는 국법을 준수

하지 않았는데, 하물며 민간에서 제대로 지켜지는 것을 기대하기는 힘들었다. 더군다나 소주를 마실 수 있는 사람들은 권력있는 귀족뿐이었으니 더 말할 것이 있으랴.

조선에 들어와서도 소주는 여전히 양반 특히 상층양반들의 전유물이었지만 고려 때보다 더욱 확산되었고, 그 폐해도 컸다. 중종 때 남곤은 상소를 올려 "민간에서 의식衣食이 부족한 원인 중 하나가 소주를 만들기 위해 미곡을 낭비하기 때문"이라고 했고, 또한 관청에서 접대용으로 소주가 사용되는 것도 문제인데 민간에서 그것을 따르는 경우가 발생하고 있으므로 폐단이 더 커지기 전에 법으로 금지시켜야 한다고 했다. 그 전과 그 이후에 계속 소주의 사용을 금지하는 법이 제정되었다는 것은 그것이 잘 지켜지지 않았음을 반증하는 것이라고 할 것이다.

소주로 죽은 사람들 이야기

요즈음 간혹 언론에서 과음으로 죽은 사람들 이야기가 보도되곤 한다. 그런데 우리 역사기록을 보면, 소주로 인하여 목숨을 잃은 사람들 이야기가 심심치 않게 발견된다. 소주의 독성은 우리나라에 소주를 전해 준 원나라에서도 문제가 되었던 것 같다.

세종 때 이조판서 허조는 소주를 과하게 먹지 못하도록 하는 명령을 내리기를 청하면서 "원나라 세조가 금주법을 세우면서 소주를 옥항아리에 넣자, 술은 모두 새고 옥항아리는 두 갈래 창과 같이 갈라져, 그 항아리를 여러 신하들에게 보임으로써 그 독기가 심함을 경계하게 했다"는 예를 든 것으로 보아 원나라에서도 소주의 독성은 문제가 되었던 것 같다.

우리나라 기록에서 소주를 마시고 죽은 첫번째 사람은 조선 태조 이성계의 큰아들인 이방우이다. 이방우는 태조의 다른 아들들과는 달리 아버지가 고려를 멸망시키고 조선을 건국한 것을 몹시 비판했다. 그리고 소주로써 세상을 잊고자 하여 날마다 소주를 마시다 결국 죽었다.

그 뒤 태종 때 김단이라는 사람이 경상도로 내려가다가 청주에서 수령이 대접하는 소주를 과음하다가 죽었다는 기록이 있다. 또 중종 때 무과에 장원급제하고 여러 벼슬을 거쳐 제주목사로 있던 성수재도 소주를 좋아하여 병을 얻어 죽었다고 한다. 그는 청렴하고 유능하다는 평가를 받아 조정에서 크게 발탁하려 했는데, 소주 때문에 죽은 것이다.

이들 이외에도 『조선왕조실록』을 보면, 소주로 인하여 죽었다는 사람들을 여러 명 확인할 수 있다. 예나 지금이나 도를 넘어 과음하는 경우에는 목숨을 잃을 수가 있다는 것과 함께 우리나라 전통소주가 그만큼 독했다는 사실도 확인할 수 있다. 그리고 간혹 이런 독성 때문에 소주는 살인도구로도 이용되었는데, 정부와 짜고 남편에게 소주를 먹여, 술에 취하자 때려죽였다는 기록도 여러 차례 확인된다.

소주의 다양한 용도 - 약, 외국에 주는 선물

때로는 사람을 죽음으로 몰고가기도 한 소주는 정반대로 약으로도 사용되었다. 아버지인 태종의 장례를 치르느라고 몸이 쇠해진 세종에게 신하들은 "종묘와 사직을 위하여 억지로라도 소주를 한 잔 들어 성체聖體를 보호하시고, 길이 백성을 편하게 하소서"라고 권유한 바가 있고, 역시 아버지인 문종의 장례로 몸을 상한 단종에게 김종서 등은 "바야흐로 여름이어서 날씨가 찌고 무더우니, 또한 청컨대 소주를 조금 드소서"라고 권했는데, 그런 권유를 받은 세종과 단종은 소주를 마셨다고 한다.

그 이후에도 임금이 몸이 편찮으면 신하들은 소주를 약으로 들기를 권했다는 기록이 자주 보이고 있는데, 이렇게 약용으로 소주가 사용된 것은 고려 때도 크게 다르지 않았을 것이다.

소주는 왕실뿐만 아니라 민간에서도 약용으로 사용되었다. 고려 때의 관련기록은 찾기 어렵지만, 조선에서는 성종 때 홍윤성은 이질을 앓고 있기 때문에 소주를 항상 복용했다고 했고, 신하가 병이 걸렸을 때 왕이 소주를 하사하는 기록도 자주 발견된다.

이수광의 『지봉유설』(1614)에는 소주는 비싸고 독하며, 약용으로 쓰여서 다른 술처럼 큰 잔으로 마시지 못하고, 작은 잔에 따라서 마셨기 때문에 작은 술잔을 '소주잔'이라고 불렀다는 기록이 보이는데, 민간에서는 소주가 약용으로 사용되었음을 알 수 있게 해준다. 현재 안동지역 사람들의 제보에서도 상처에 소주를 바르고, 배앓이·소화불량을 완화시키거나 식욕을 증진시키는 데도 소주를 사용했다고 한다.

한편 소주는 귀한 물건이었기 때문에 외국과 교류할 때 선물로도 사용되었다. 그러나 고려 때는 소주의 전래지가 원나라였고, 일본과도 관계가 좋지 않았으므로 소주를 다른 나라에 선물로 보냈을 가능성은 별로 없다. 그러나 조선시대에는 성종 때 한치형이 가져온, 명나라 황제가 요구하는 물건 가운데 소주가 들어 있었으며, 왕래하는 중국 사신에게 소주를 주기도 했다. 일본의 경우, 대마도는 물론이고 본토·유구(오키나와)의 지배층들에게, 그리고 여진족에게까지도 자주 소주를 선물로 주었다.

고려시대의 술-소주 전래 이전의 술

우리 민족은 예로부터 술을 즐겼다. 그것은 중국에도 잘 알려져서 우리 조상들에 대해 음주와 가무를 좋아한다고 문헌에 기록하고 있다. 당연히 소주 전래 이전에도 많은 술이 만들어졌고, 또 즐겼을 것이다. 그런데 구체적인 술의 종류나 제조방법 등은 고려시대 이전 기록에서는 찾기 힘들다. 물론 그것은 전하는 기록 자체가 거의 없는 것과도 관련이 있을 것이다.

고려 때는 술 종류가 매우 다양했을 것이다. 그것은 983년(성종 2)에 국가에서 성례·악빈·연령·영액·옥장·희빈이라고 불린 주점酒店 6개를 두었다는 사실에서 미루어 알 수 있다. 물론 이 술집은 민간에서 떠도는 정보수집 등과 같은 일을 했을 것으로 생각하고 있지만, 어쨌든 술집인 만큼 다양한 술 종류를 갖추어야만 장사가 되지 않았을까? 그 밖에 이규보가 지은 『동국이상국집』과 여러 문집에서 계주桂酒·화주花酒·구온주九醞酒·두주杜酒·두강주杜康酒·아황주鵝黃酒·국화주·두견주 등 여러 종류의 술이름을 확인할 수 있다.

고려 때 술과 관련하여 특이한 사실은 첫째로 국가와

왕실에 술과 감주공급을 담당하는 양온서라는 관청이 있었다는 점이다. 이런 기관의 존재로 판단해도 고려 때 술 종류가 다양했음을 알 수 있을 것 같다. 이 기관에서 왕실에 술을 공급하기 위하여 새로운 맛의 술을 개발하려는 노력을 계속했으리라 추측하는 것은 너무 무리한 생각일까?

이 기관은 시대에 따라 장례서·사온서, 다시 양온서·사온서 등으로 이름은 바뀌었지만 하는 일은 같았다. 소주가 전래된 뒤에는 소주를 만드는 것도 이 관청의 주된 업무였을 것이다.

또 하나 특이한 사실은 사찰에서 술을 만들었고, 심지어 판매까지 했다는 점이다. 사찰의 재원을 확보하기 위하여 만들었다는 것인데, 이것은 불교의 폐단으로 지적되기도 한 사실이다. 그러나 이렇게 사찰에서 술을 만들어 팔았다는 것은 그것을 원하는 사람들이 있었다는 것이고, 또 각 사찰에서는 더 많은 술을 팔려고 했을 것이므로 술의 종류가 다양해지고, 품질이 좋아지지 않았을까 하는 생각도 든다.

고려 때까지 만들어진 술은 종류는 매우 많겠지만, 크게 구분을 한다면, 탁주와 약주 그리고 청주 등의 발효주였다. 비록 소주에 서민의 술이라는 자리를 내주었지만 오늘날에도 널리 애음되고 있는 막걸리인 탁주는 각 집마다 독특한 방법으로 만들었기 때문에 그 맛이 다양한 것이 특징이었다.

고려 이래로 대표적인 탁주는 이화주梨花酒였다. 이 이름은 탁주용 누룩을 배꽃이 필 무렵에 만든 데서 유래했으나 후세에 와서는 어느 때나 누룩을 만들었으므로 그 이름이 사라지고 말았다.

약주는 탁주의 숙성이 거의 끝날 때쯤 술독 위에 맑게 뜨는 액체 속에 싸리나 대오리로 둥글고 깊게 통처럼 만든 '용수'를 박아 맑은 액체만 떠낸 것이다. 현재 약주에 속하는 술로는 백하주·향은주·하향주·소국주·부의주·청명주·감향주·절주·방문주·석탄주·법주·호산춘·약산춘·삼해주·백일주·사마주 등이 있다.

청주는 백미로 만드는 양조주로서 탁주와 비교할 때 맑은 술이라고 해서 이름이 붙여졌다. 이규보의 『동국이상국집』에 있는 한 시詩에 "발효된 술덧을 압착하여 맑은 청주를 얻는데 겨우 4~5병을 얻을 뿐이다"라고 한 것으로 보아 청주는 귀한 술이었음을 알 수 있다.

이상의 술이 소주와 크게 다른 점은 발효주라는 사실이다. 그에 비해 고려 때 전래된 소주는 증류주였다. 처음 전래되었을 때 소주는 쌀·보리 등의 곡류를 원료로 누룩을 넣고 발효시켜 탁주와 약주를 제조한 다음 증류기를 이용하여 증류하여, 맑은 이슬과 같은 소주를 얻었다고 한다.

전래 당시에 어떤 증류기를 이용했는지는 정확한 근거

자료가 남아 있지 않아서 알 수 없지만, 소주가 점차 민간에 퍼지면서 사용된 제조방법은 알려져 있다. 즉 일반 가정에서는 솥에 숙성된 술을 넣고 시루를 얹은 뒤 그 안에 주발을 넣고 시루 위에 솥뚜껑을 거꾸로 덮는다. 솥에 불을 때면서 솥뚜껑의 물을 갈아주면 소주가 주발에 고이게 되는 조금 원시적인 방법이다. 이와 같은 원리로 흙으로 빚어 만든 소주 내리는 기구를 '는지'라고 했다. 이보다 조금 발전된 것이 '고리'이다.

이 증류장치는 두 부분으로 되어 있는데, 밑의 것은 아래가 넓고 위가 좁으며 위의 것은 그와 반대로 밑이 좁고 위가 넓다. 위쪽에 숨이 나오는 주둥이가 있어 주발을 밖에 놓고 소주를 받았다. 이 고리는 흙으로 만든 것을 토고리, 동으로 만든 것을 동고리, 쇠로 만든 것을 쇠고리라고 했다. 충청남도·전라도·황해도, 경상도에서는 토고리, 개성은 철고리, 함경도는 '는지'나 토고리를 쓰다가 나중에 동고리를 주로 쓰게 되었다고 한다.

그런데 증류주인 소주는 그 독함 때문에 겨울에 주로 마셨을 것으로 생각하기 쉬운데, 의외로 여름에 주로 마셨다고 한다. 발효주인 다른 술은 여름에 날씨가 더워지면, 맛이 쉽게 변하여 본래의 맛을 간직하지 못하기 때문에 높은 기온과 습도에도 맛이 변하지 않는 소주가 여름에 주로 마시는 술이 되었다는 것이다. 요즈음 일반인들이 소주를 여름보다 겨울에 즐겨 마시는 것과는 전혀 다르다고 할 수 있겠다.

한 잔의 소주를 마시면서 많은 사연이 담긴 소주의 역사를 기억할 수도 없고 그럴 필요도 없지만, 소주가 전통주로서 또한 대중의 술로서 자리잡아 온 이야기를 이해한다면, 소주의 맛이 더욱 살아나지 않을까. 이렇게 소주에 관한 여러 가지 사실을 알아보면서, 소주 이외의 다양한 전통 발효주도 수많은 수입술과 경쟁할 수 있는 우리의 술로 자리잡았으면 하는 바람을 가진다.

이형우

언제부터 무명옷을 입었나?

21세기에 접어든 지금에도 지구의 몇몇 열대지역에서는 따로 옷이랄 것 없이 거의 벌거벗고 생활하는 사람들이 있다고 한다. 그러나 우리의 일상생활에 꼭 필요한 요소를 일반적으로 의식주衣食住라고 표현하듯이, 옷은 곤충이나 동물 그리고 특히 추위로부터 신체를 보호해 주는 없어서는 안될 물건이다. 의복이나 음식 및 주거형태는 그 주변의 자연환경과 밀접한 관계를 가지고 있는데, 의복의 양식이나 색상은 각 민족의 멋·정신·정서·생활환경을 잘 보여준다.

그런데 정작 옷의 재료는 삼·비단·무명 등 몇 가지에 지나지 않는다. 이 가운데 가장 많이 사용되는 것은 다른 어느 옷감보다도 땀을 잘 흡수하고 재질이 강하며 보온효과가 뛰어난 무명이다. 지금 우리가 입고 있는 속옷의 라벨에 100% 순면 또는 Cotton이라고 적힌 것이 바로 이 무명으로 만든 옷이다.

무명옷의 원료가 되는 목화는 우리에게 어떻게 전래되었을까? 고려 말엽인 14세기 후반에 문익점文益漸 선생이 중국에 갔다가 목화씨를 몰래 붓대에 숨겨 와서 재배에 성공했다는 유명한 이야기가 있다. 과연 이 문익점의 이야기는 모두 사실일까? 우리는 정말 언제부터 무명옷을 입게 된 것일까?

인도의 목화가 중국으로 전해지다

무명옷의 원료인 목화는 인류역사상 적어도 몇천 년 동안 세계 여러 곳에서 널리 재배되었다. 목화의 원산지에 대해서는 아프리카 남부, 인도, 안데스산맥 북부 등등 여러 가지 설이 있다. 우리나라를 포함한 동북아시아에서는 인도를 원산지로 하는 목화가 전해졌다.

그런데 인도에서는 적어도 기원전 4세기경부터 목화가 재배되었는데, 중국에서 목화를 본격적으로 재배하기 시작한 때는 대체로 10~11세기 송나라 말엽부터이며, 중국 남부의 복건성에서 시작하여 원나라와 명나라 시대에 점차 북쪽인 양자강유역과 산동山東과 산서山西지역으로 확산되었다고 한다.

하지만 이보다 훨씬 이전인 1~2세기경 한나라 시대의 양부楊孚가 쓴 『이물지異物志』나 남북조시대의 여러 문서에도 이미 목면木棉[綿과 통함]이라는 한자가 보인다. 또한 현재 중국 운남성[당시에는 중국에 속해 있지 않았음]에서는 5~6세기에, 중국의 광동성과 현 베트남 북부지역에서는 8~9세기에 목화

목화송이

가 이미 재배되고 있었다. 이러한 사실은 백거이白居易와 같은 중국의 유명시인들이 남긴 시에서 찾아볼 수 있다. 따라서 중국 남부에는 꽤 일찍이 목화가 전래되었다고 할 수 있다.

몽골이 세운 원나라 시대에 황제 쿠빌라이(재위 1260~1294)의 명령으로 1273년에 편찬되어 14세기 중엽에 고려에도 전해진 『농상집요農桑輯要』라는 책에는 목면에 관한 기록이 여러 곳에서 보인다. 이 책에 따르면 당시 중국의 남쪽에는 모시가, 서쪽에는 목면이 생산되었는데, 모시는 현재의 하남성河南省 지역으로, 목면은 섬서성陝西省 지역으로 보급되었다고 전하면서, 백성들에게 이 두 가지 작물의 재배를 널리 권장하고 있다.

그렇지만 이 시기에 목화가 중국의 모든 지역에서 널

리 재배되고, 모든 백성이 무명옷을 입은 것은 아니었다. 특히 비교적 고온다습한 지역에서 잘 자라는 인도산 목화는 춥고 건조하며 겨울이 긴 중국 북방지역에서는 재배가 쉽지 않았다. 그리하여 중국에서 목화가 처음 재배된 지 몇백 년이 지난 17세기 초에도 만주지역의 여진족들은 대부분 짐승의 가죽을 입고 있었으며, 단지 일부 부유층만 여름에는 삼베옷을 입고, 겨울에는 옷에 솜을 메워넣어 추위를 피했다고 전한다.

무명옷이 없었을 때 사람들은 무엇을 입었을까?

　14세기 후반에 문익점이 목화씨를 들여와 재배에 성공하여 조선시대에 무명옷이 널리 전해지기 전까지 우리나라에서는 일반사람들이 무슨 옷을 입었을까? 물론 짐승가죽과 털을 사용했을 것이고, 상류층에서는 비단옷도 입었을 것이라고 추측할 수 있다.

　그런데 비단이란, 지금은 중국·인도·동남아 등지의 대량생산으로 가격이 매우 저렴해졌지만, 그 이전에는 그야말로 금값이었다. 중국에서 수입하던 비단은 비싼 고급 의류였을 뿐만 아니라 관료층만 입는 것으로 일반백성은 여유가 있어도 비단으로 옷을 만들어 입을 수 없었다.

최근에 『삼국사기』 기록을 토대로 신라와 고구려에도 목화의 일종인 초면草綿으로 만든 품질이 우수한 면직물이 있었다는 연구도 있는데, 그 생산량은 많지 않았고 그 사용 역시 귀족층에 한정되었을 것으로 보인다.

송나라와 원나라의 영향에 따라 고려관료들의 복식제도에 변천이 있었다고 보이지만 일반백성들의 의복생활은 크게 바뀌지 않았으리라 추정된다. 일반백성이 입는 옷의 주요재료는 삼베였다. 지금은 그다지 많이 재배하지 않지만 예전에는 농촌에 삼농사가 보편화되어 있었고, 『삼국사기』에도 삼에 관한 기록이 있는 것으로 미루어 우리나라에서 일찍부터 재배되었을 것이다.

삼베는 섬유질이 풍부한 삼줄기의 껍질을 벗겨 만들었다. 삼을 이용하여 직물 이외에도 종이를 만들었고 삼의 열매에서 짠 기름은 식용이나 등불연료로도 사용했다. 이처럼 유용한 삼이 지금 규제를 받는 작물이 된 이유는 삼의 진액에 환각을 일으키는 성분이 있는데, 이것이 바로 마약으로 취급되는 대마초大麻草의 원료가 되기 때문이다.

아무튼 지금도 많은 사람들이 더운 날씨에 애용하는 삼베옷은 여름을 넘기기에는 무난했지만 우리나라의 추운 겨울을 지내기에는 부족했다. 이러한 상황에서 비교적 쉽고 저렴하게 옷을 지어 입을 수 있고 겨울에도 한결 따뜻한

무명의 전래는 비단을 마음대로 입을 수 없었던 서민들의
의복생활에 획기적인 발전을 가져왔다고 할 수 있다.

문익점이 목화씨를 붓대에 숨겨오다

고려시대 말엽의 문신인 문익
점의 본관은 남평南平이고, 호는 삼
우당三憂堂이다. 그는 공민왕 9년(1360)
에 문과에 급제했으나 이후 관료생
활에는 많은 좌절을 겪는다. 특히
문익점은 고려가 멸망하는 공양왕
때에 사전私田개혁에 반대했다가
조선 건국세력인 조준趙浚의 탄핵
을 받아 조정에서 숙청되고 만다.

문익점 영정

그런데 교과서에도 실림으로써 잘 알려진 이야기에 따
르면, 문익점은 공민왕 12년(1363)에 서장관 자격으로 사신
인 이공수李公遂를 따라 원나라에 갔다. 귀국하는 길에 목화
밭을 보고 문익점은 김용이라는 사람을 시켜 밭을 지키던
노파가 말리는 것을 뿌리치고, 목화 몇 송이를 따서 그 종
자를 붓대 속에 넣어왔다고 한다.

또 다른 이야기에 따르면, 그는 역시 1363년에 원나라에 사신으로 갔다가 누명을 쓰고 중국 서남부의 운남성으로 귀양을 갔는데, 그 곳에서 목화를 보고 그 종자를 붓대 속에 숨겨서 고려로 돌아왔다고 한다.

여하튼 목화를 들여온 공으로 문익점은 뒤에 조선조정으로부터 충선공忠宣公이라는 시호를 받았고, 단성의 도천서원道川書院에는 그의 사당이 세워졌다. 조선 중기의 대학자 조식曹植은 문익점이 목화씨를 가지고 와서 재배하고 무명으로 의복을 짓게 되는 과정을 『목면화기木棉花記』라는 책에 적었는데, 문익점의 공을 "백성에게 옷을 입힌 것이 농사를 시작한 옛 중국의 후직[중국 주나라의 시조로 사람들에게 농사를 가르쳐 그 공으로 후직(后稷)이라는 벼슬을 받았다고 함]과 같다[衣被生民 后稷同]"고 높이 평가했다.

시간이 지날수록 기록이 더 자세해진 목화전래의 전설

그런데 역사서에 나오는 문익점의 목화전래 기록을 시대별로 읽다 보면 뭔가 이상한 느낌이 든다. 우선 문익점이 생존하던 시기의 가장 상세하고 기본적 역사자료인 『고려사』에는 "문익점이… 원나라에 사신으로 갔다가 덕흥군[충선왕의 서자로 공민왕의 부왕인 충숙왕의 아위에게 붙어 있었던바, 덕흥군이 패배하니 본국으로 돌아오면서 목화씨를 얻어 가지고 와서… 처음에는 재배하는 방법을 몰라서 거의 다 말라 버리고 한 그루만 남았는데 3년 만에 마침내 크게 불었다"라고 적혀 있다.

이어서 조선 초기의 『태조실록』에는 "문익점은… 원元나라 조정에 갔다가… 길가의 목면나무를 보고 그 씨 10여 개를 따서 주머니에 넣어 가져왔다.… 정천익鄭天益에게 이를 심어 기르게 했더니, 다만 한 개만이 살게 되었다. 천익天益이 가을이 되어 씨를 따니 1백여 개나 되었다.… 중국의 중 홍원弘願이 천익의 집에 이르자… 천익은 그를 머물게 하여 며칠 동안 대접한 뒤에 이내 실 뽑고 베 짜는 기술을 물으니, 홍원이 그 상세한 것을 자세히 말하여 주고 또 기구까지 만들어 주었다"라고 기록하여 있다.

그리고 다시 1백여 년이 더 지난 16세기에 조선 대유학자 이황李滉이 쓴 문익점의 비각문에는, "공이 일찍이 사명을 받들고 원나라에 들어가서 공사公事로 인해 남쪽 변경에 귀양갔다가 석방되어 돌아올 적에 길에서 목화종자를 얻어 오직 백성을 이롭게 하는 것만이 급하므로 금법禁法을 무릅쓰면서 가지고 왔는데, 드디어 온 나라에 크게 번식하여 만세에 길이 힘입게 되었으니…"라고 했다.

다시 18세기 기록인 『정조실록』에는 "문익점은 사명을 받들고 원나라에 들어갔는데, 원조정이 공민왕이 어둡고 포악스럽다는 이유로 왕을 장차 폐위시키고 새로 다른 임금을 세우려고 하니 조칙詔勅을 받들 수 없다고 다투다가 드디어 지금의 중국 사천성 지역인 검남劍南으로 유배되었는데, 3년 만에 비로소 돌아오게 되자 중국에서 목면을 몰래 가져와…"라고 적고 있다.

문익점의 목화씨 전래이야기는 어디까지가 사실일까?

결국 우리가 알고 있는 문익점의 목화씨 전래 이야기는 이렇게 시간이 지날수록 점차 세부화·구체화되며 드라마틱한 요소가 가미되면서 전개되고 있음을 알 수 있다. 일반적으로 사람의 기억은 시간이 지날수록 희미해지는 것인데, 어떻게 이 문익점의 목화씨 전래 이야기는 몇백 년이 지나면서 도리어 점점 더 구체화되고 그 내용도 좋은 방향으로 바뀌고 있을까?

우선 문익점이 목화씨를 가져왔다는 역사적 사실에는 그 누구도 이의를 제기하지 않는다. 그러나 그의 활약을 돋보이게 하기 위해서 목화씨를 어렵게 얻어왔다는 점을 강조하면서 억지로 허구의 이야기를 가미했다는 느낌은 쉽게 지울 수 없다.

처음에는 그저 얻어온, 아니면 길에서 따가지고 왔다는 목화씨가 훗날에는 몰래, 법으로 금지된 것을 무릅쓰고 심지어는 현대 스파이 전쟁을 연상시키는, 붓대에 숨겨가지고 온 이야기로 변하는 것이다. 그저 목화씨를 얻어오는 것이야 아무나 할 수 있는 쉬운 일이지만 법을 어기면서까지 가져왔다는 것은 만일 발각되면 엄중한 처벌을 받는다는 점이 전제되기 때문에, 자연히 문익점의 용기와 희생정신을 높이 부각시키게 되는 것이다.

그리고 이러한 희생정신을 기리기 위해서 그가 강남에 귀양을 갔다가 목화씨를 붓대에 숨겨 몰래 반입했고, 또 그렇게 힘들게 가져온 씨는 단 하나만 살고 모두 죽었다는 드라마를 만들어낸 것이 아닌지?

그런데 여기서 짚고 넘어가야 할 것은 목화가 원나라 시대에 외국으로 반출이 금지된 품목이었다는 아무런 근거가 없다는 사실이다. 비단과 누에와는 달리 14세기 중엽의 중국에서는 이미 몇백 년이 넘게 재배하고 있던 목화는 결코 종자의 유출을 막을 만큼 특산물이나 희귀품이 아니었다.

더불어 또 다른 역사적 윤색으로 보이는 것은 문익점과 덕흥군과의 관계이다. 『고려사』에는 문익점이 고려조정과 공민왕에게 반역행위를 했거나 적어도 절개를 지키지 못한 것으로 기록하고 있다.

그런데 정작 조선 후기의 기록에는 문익점이 공민왕에게 충성하다가 원나라 조정에 의해서 그 머나먼 사천성 혹은 기록에 따라 운남이나 강남지역 등으로 유배당한 것으로 바뀌게 된다.

문익점이 원나라로 갔던 1363년은 원과 고려 사이에 전쟁의 위험이 고조되고 있었던 시기였다. 그 직접적인 이유는 바로 7년 전인 1356년에 공민왕이 그의 왕권을 위협하는 부원세력을 축출하고, 원의 간섭에서 벗어나기 위해 원의 마지막 황제인 순제順帝의 고려인 황후 기황후奇皇后의 친정 기씨집안을 숙청한 것에서 찾을 수 있다. 이후 기황후는 자신의 친오빠를 비롯하여 여러 친척을 죽인 공민왕에게 복수하려고 벼르고 있었다.

그러다가 1361·1362년에 홍건적이 침입하여 고려조정이 어지러워진 틈을 타 1363년 3월 문익점이 원에 사신으로 간 직후에, 원나라는 덕흥군을 고려왕으로 봉하고 고려인 최유崔濡에게 군사 1만을 주어 고려를 침략했다. 이들은 1364년 1월에 최영과 이성계가 이끄는 고려군에 대패했다.

『고려사』에 따르면 이 당시에 원 황제가 원나라 내의 고려사람들로 하여금 모두 덕흥군을 따르게 했는데, 문익점은 몇몇 고려의 신하들과 함께 덕흥군 편에 가담했다고 한다.

결국 문익점이 덕흥군 편에 붙어 있다가 왔다고 한 초기의 역사기록이 몇백 년 뒤의 기록에는 도리어 그가 고려에 충성하다가 귀양을 간 것으로 바뀐 사실인데, 우리는 문익점 생존 당시의 기록에 더 신빙성을 두어야 하지 않을까?

더욱이 그가 중국으로 간 1363년은 몽골지배 아래의 중국이 군웅할거 시대에 돌입한 뒤였다. 실제로 1356년에 공민왕이 용기를 얻어 기씨집안과 부원세력을 숙청한 것은 1354년에 원나라가 중국 남부의 한족 반란군을 진압하기 위해 고려에 군사를 요구했는데, 이 때 원병으로 갔다가 돌아온 고려군이 원나라가 무력해졌음을 보고한 데에서 비롯되었다.

이미 1363년에는 문익점이 귀양을 갔다는 지역뿐만 아니라 그 귀양지로 가는 경유지조차 원조정의 영향이 전히 미치지 못했다. 그러므로 중국의 서남지역인 검남이나 강남이나 운남으로 문익점이 귀양을 갔다는 것은 불가능하며 납득하기 어려운 점이다.

무명보급에서 문익점의 공로

이렇듯 문익점의 목화씨 전래설화는 그대로 믿기는 어

렵다. 하지만 우리 역사에서 목화씨의 전래와 성공적인 재배에 이은 무명옷의 보편화는 의복생활과 나아가 경제활동에 큰 변화와 발전을 가져왔다. 조선왕조 초기만 해도 면직물이 풍부하지 못했지만 점차 목화를 많이 재배함으로써 모든 백성들이 무명옷을 만들어 입었다고 한다.

조선시대의 무명은 쌀과 마찬가지로 일상생활에 없어서는 안되는 중요한 물품이었기 때문에 조세로도 받았고 화폐로도 사용되었다. 그렇기 때문에 목화씨를 가져와 재배에 나선 문익점의 선견지명과 공은 실로 높게 평가되기에 충분했다. 그래서 그의 공은 후세로 갈수록 조선의 역대 조정에서 더욱 높게 인정되었고 그의 후손에게도 많은 혜택이 내려졌다.

그러나 단지 그의 공적을 부각시키기 위해서 역사적인 사실을 근거없이 윤색하고 미화한 것은 오히려 문익점 선생의 공에 누를 끼치는 것은 아닐까?

윤영인

수박은 과일이 아니다

농작물에 관심이 많은 사람이라면, 이 글의 제목을 보고 '그렇지' 하고 고개를 끄덕일 것이다. 한여름의 더위를 물리치는 데 그만인 수박은 채소작물에 속하기 때문이다. 아프리카가 원산지인 수박이 전세계에 퍼지게 된 것은 약 500~600년 전의 일로, 우리나라의 기록에는 조선시대 허균許筠의 글에 처음 나타나고 있다.

그렇다면 고려시대와 '수박'은 도대체 무슨 관련이 있는 것일까? 이쯤 되면, 이 글에서 말하는 '수박'에 뭔가 다른 점이 있다는 것을 눈치챘을 것이다. 보통 '수박' 했을 때 떠오르는 대상이 먹어서 우리 몸에 좋은 것이라면, 여기에서 이야기하려는 '수박'은 움직여서 우리 몸을 좋게 하는 것이다. '수박'은 고려시대 체육의 하나였다.

고려시대의 체육

요즘 사람들은 심신을 수련하거나 건강을 지키기 위하여, 또는 호신술로서 따로 시간을 내어 운동을 한다. 건강한 생활을 유지하려면 적절한 신체활동이 필요한데, 문명의 이기가 발달하면서 직접 몸을 사용해 일해야 하는 경우가 적어졌기 때문이다.

천 년 전 대부분의 고려시대 사람들은 지금보다 훨씬 더 열악한 조건에서 직접 몸을 움직여 농사를 지었기 때문에, 따로 운동을 할 필요도 없었고 또 그럴 여유도 없었다. 하지만 어떤 사람들은 특별히 운동을 해야 했다. 군인이었기 때문이다.

전근대사회의 전쟁은 주로 각개전투各個戰鬪의 형태로 진행되었다. 우리가 살고 있는 현대는 미사일을 사용하거나 화력이 좋은 총을 사용하여 전쟁을 하기 때문에 병사들이 직접 몸을 부딪쳐 싸우는 일이 매우 드물지만, 당시에는 먼 거리에서 공격할 수 있는 무기가 크게 발달되지 못했으므로 전쟁터에서 병사들은 적군과 아군의 구분없이 한데 얽혀 싸워야 했다.

전쟁에서 이기려면 가능한 한 많은 수의 적군을 쓰러뜨

려야 했으므로 힘세고 전투력이 뛰어난 병사들이 많을수록 유리했다. 전쟁의 승리가 병사들 개개인의 전투능력에 달렸다고 해도 과언이 아니었던 만큼 병사들에게 무예를 익히게 하여 기본적인 체력훈련과 함께 전투력 상승을 꾀했다.

고려시대의 병사들은 나라를 지키기 위해 무예를 익혀야 했지만, 무예는 그들의 출셋길을 넓혀주기도 했다. 천민 신분으로 태어났던 이의민은 수박을 잘하여 왕의 총애를 받았는데, 무신이 집권했던 때에는 수박대련에서 승리하는 것이 출세의 길이 되기도 했다.

고려시대의 무예에 대한 기록은 매우 드물어서, 우리가 알 수 있는 고려시대의 체육종목은 그다지 많지 않다. 앞서 예로 든 수박이 가장 대표적인 무예라 할 수 있으며, 그 밖에 활쏘기[弓射]·말타기[馬戲]·각저角觝·석전石戰·격구擊毬 등을 찾아볼 수 있다.

이 가운데 활쏘기와 말타기 같은 종목은 먼 옛날부터 생활에 필수적인 기술이었기 때문에 발전되어 온 것이다. 이러한 종목은 고구려·백제·신라 삼국이 통일된 이후 점차 순수한 놀이요소가 강해졌다. 고려시대에는 활쏘기와 말타기가 군사훈련을 위해 활용되기도 했지만, 왕의 연회나 사냥에서 부수적으로 연희되는 등 오락적 요소가 더 많아지고 있었다. 때문에 군사훈련의 의미가 더 강했던 수박

각저총의 〈각저도〉

과 각저·석전 그리고 격구를 통해 고려시대의 체육에 대해 알아보자.

각저희와 수박희

각저와 수박은 신변의 위협을 받았을 때 나타나는 인간의 원초적인 공격모습과 방어형태를 담고 있다. 두 종목모두 개인의 강인함을 다른 사람과의 대련 속에서 드러내는 무예이다.

'각저희角觝戱'라고도 불리는 각저는 지금의 씨름으로 볼 수 있는데, 매우 오래 전부터 행해졌던 것 같다. 특히 고구려의 고분인 각저총角觝塚에는 두 명의 장사가 상대방의 허리를 잡고 씨름하는 모습이 그려져 있어 각저가 전통적인 우리의 체육임을 알 수 있다.

고려 후기의 충혜왕忠惠王(1331~1332 및 1340~1344)은 특히 각저희를 즐겼다. 『고려사』에 나타난 각저에 관한 기록은 4회뿐인데, 모두 충혜왕 시대의 일이다. 충혜왕은 즉위하던 해 3월 정무를 보지 않고 위아래의 예도 없이 각저희를 행했다는 기록이 있다. 또 왕위에서 잠시 물러났다가 다시 즉위한 뒤인 충혜왕 후4년에는 2월·5월·11월 세 차례나 각저희를 관람했다. 2월·5월·11월은 고려의 큰 명절이라 할 수 있는 연등회燃燈會·단오절端午節·팔관회八關會가 있는 달이다.

이 때 각저희를 관람했던 것은 충혜왕이 개인적으로 이를 즐겼던 이유도 있었겠지만, 씨름이나 격구를 관람하면서 뛰어난 용사勇士들에게 많은 선물을 주기도 했던 것을 보면 명절 분위기를 돋우는 동시에 체력훈련의 중요성을 부각시키려는 의도도 포함되었을 것이다.

각저와 관련된 기록이 고려 후기에 집중되어 있다면, 수박 또는 수박희手搏戱에 관한 기록은 고려 전기는 물론 후기에도 쉽게 찾아볼 수 있다.

특히 고려사회를 전기와 후기로 구분할 때 그 분수령을 이루는 것이 무신정변武臣政變『고려시대 사람들 이야기』1권 참조인데, 무신정변의 도화선이 된 사건이 바로 오병수박희五兵手搏戲였다.

고려 의종毅宗 24년(1170) 왕이 개경 근처 보현원普賢院에 행차하는 도중, 오문五門이라는 곳에 이르러 주연을 베풀었다. 이 때 무신들은 행차를 호위해야 했기 때문에 연회에는 참석하지 못했다. 의종은 격무에 지친 무사들의 불만을 감지하고는, 그들로 하여금 오병수박희를 하도록 하고 상품을 내려 위로하려 했다.

왕의 명령에 따라 무신들은 오병수박희를 행하였고, 문신들과 왕은 이를 관람했다. 오병수박희에 참가했던 무신 가운데 무반 종3품 대장군 이소응李紹膺이라는 사람이 있었다. 이소응은 무신이었지만 몸이 여위고 힘이 세지 못했기 때문에, 무예를 겨루던 도중 상대를 이기지 못하고 도망쳤다.

이 자리에 있던 문반 가운데 종5품 기거주起居注 한뢰韓賴라는 사람이 있었다. 한뢰는 의종의 사랑을 받아 자주 왕을 모시고 연회에 참석했다. 의종이 수박을 좋아했으므로, 오병수박희를 관람하던 한뢰는 수박을 잘하는 무신들이 왕의 총애를 받을까 걱정하고 있었다.

때마침 대장군이라는 사람이 상대를 이기지 못하고 도망가는 모습을 보자, 한뢰는 앞으로 나아가 이소응의 뺨을 때려 계단 아래에 떨어뜨렸다. 술에 취한 왕과 여러 문신들은 함께 손뼉을 치면서 크게 웃었고, 몇몇 문신들은 경기에서 도망친 이소응을 욕했다.

종3품 무신이 종5품 문신에게 뺨을 맞고 공개적으로 모욕당하는 것을 본 무신들은 그 동안 참아왔던 분노를 터뜨렸고, 이 사건은 결국 무신정변으로 이어졌다.

이 때 행해진 오병수박희가 어떠한 것인지 자세히 알 수 없지만, '오병五兵'이라는 표현으로 보아 다섯 명을 대상으로 하는 집단대적 형식을 띠지만, 그 방식은 1 대 1로 수박의 기술을 겨루는 무예였던 것 같다. 대장군 이소응이 상대를 이기지 못하고 도망쳤다고 한 것을 보면, 아마도 한 사람이 상대방을 이기면 다른 사람과 계속 대련을 하는 방식이었을 것이다.

1 대 1 대련형식의 수박희는 고구려의 고분인 무용총舞踊塚에서 그 모습을 확인할 수 있다. 무용총의 벽에는 두 명의 역사力士가 수박대련을 벌이고 있는 수박도가 남아 있다.

수박은 무신정권기에 활약한 인물들이 출세하는 데 많은 영향을 끼쳤다. 무신집권자 가운데 한 사람이었던 이의민李義旼의 경우, 그의 아버지는 소금과 채소를 파는 상인이

었고 어머니는 절의 노비였다. 천민이었던 이의민은 뛰어
난 완력으로 경군京軍에 들어가게 되었는데, 출세의 계기가
되었던 것은 수박이었다.

이의민은 수박을 잘해 의종의 눈에 띄었고, 특별히 정7
품의 별장別將이 되었는데, 무신정변 당시의 활약으로 결국
최고권력까지 누리게 되었다.

또 무신집권기에 가장 안정된 권력을 창출했던 최충헌
崔忠獻은 중방重房의 힘센 사람들에게 수박을 겨루게 하고
이긴 사람에게는 교위校尉 또는 대정隊正을 제수했다. 수박
이 출세의 한 방법이 되기도 한 것이다.

무용총의 〈수박도〉

그러나 비교적 높은 관직에 있었던 무신들은 직접 몸을 부딪쳐 싸워야 하는 수박을 천한 기술로 여겼던 것 같다. 이의민이 집권했을 때 그의 정권에 참여한 두경승杜景升이 라는 사람이 있었다. 두경승이 처음 공학군控鶴軍에 들어가 게 되었을 때 수박하는 사람이 그를 불러 대오로 삼고자 했는데, 당시 상장군上將軍[정3품]이었던 두경승의 국구 문유 보文儒寶가 "수박은 천기賤技이니 장사壯士가 할 바가 아니 다"라고 하여 나가지 않았다고 한다.

무신집권이 끝난 뒤 원 간섭기에도 수박은 계속되었다. 공민왕 때 변안열邊安烈이라는 사람은 수박을 겨루어 판밀 직사사判密直司事[종2품]로 승진하기도 했다. 고려 말까지 수 박은 무인들의 중요한 무예이자 승진 수단의 하나였다.

석전과 격구

각저와 수박이 무기를 사용하지 않고 신체적인 힘과 단련된 기술을 통해 겨루는 무예라면, 석전石戰과 격구擊毬 는 도구를 사용한다는 점에서 그 성격이 약간 다르다. 또한 각저와 수박은 신체를 단련하는 무예로서의 성격이 강하 지만, 석전과 격구는 대적집단 사이의 모의전模擬戰 형식으

격구(擊毬)
『무예도보통지(武藝圖譜通志)』에 실린
<격구도>

로 진행되어 소속집단 내의 단결을 도모하고 유대관계를 강화하게 하는 집단경기이다.

석전은 석전희石戰戲라고도 했는데, 말 그대로 돌을 이용한 싸움놀이이다. 단오절과 팔관회 때 많이 행해졌고 4월에도 행해졌는데, 주로 단오절에 행하는 고려의 세시풍습이었던 것 같다. 고려 말의 우왕禑王은 석전을 즐겨 관람했다.

석전에 대한 『고려사』의 기록을 보면, 단오절에 무뢰배들이 거리에 모여 좌우로 대열을 나눈 뒤 기와조각이나 조약돌을 가지고 서로 던지고 혹은 짧은 막대기를 사용하기도 하여 승부를 정하는 것이 나라의 풍습이었다고 한다.

또한 고려 말의 문인 이색李穡의 시에도 석전에 대한 언급이 있는데, 석전을 통해 조정에서 용사를 구하려 했다고 한다. 고구려 때에도 매년 초에 물속에 들어가 석전을 행했다는 기록이 중국 역사서에 남아 있는데, 한겨울인 음력 정월에 차가운 물속에 들어가 석전을 했다는 것으로 보아 용감한 젊은이를 찾아내거나 또는 군사를 훈련시키려는 목적에서 시작된 풍습임을 알 수 있다.

『무예도보통지武藝圖譜通志』를 보면 축국蹴鞠이라는 운동 종목이 있다. 축국은 기구氣毬와 격구 두 종류로 되어 있는데, 기구는 국鞠공을 발로 차는 것이고 격구는 말을 타고서 막대기杖로 치는 것이라고 한다. 서양의 폴로경기와 비슷한 형식으로 진행되는 격구는 고려시대에 매우 인기있는 운동이었다.

수박이나 각저에 관한 기록에 비해, 격구를 행한 기록은 매우 많다. 그 가운데 왕이 직접 격구를 행한 것도 여러 차례이다. 특히 수박을 좋아했던 의종은 만능 스포츠맨이었는지 격구도 무척 좋아하여, 공을 치는 데 의종의 실력에 미칠 만한 사람이 없었다고 한다.

의종은 종종 궁 안의 뜰에서 직접 격구를 했고, 신기군神騎軍이나 견룡군牽龍軍·기사騎士들이 격구하는 것을 즐겨 관람했다. 어떤 때는 3일 동안이나 격구를 관람하기도 했고, 또 어떤 달은 5차례나 격구를 관람하기도 하는 등 그 정도가 지나쳐, 결국에는 간관諫官들이 이를 제지했다.

각저를 좋아했던 충혜왕도 격구를 즐겼고, 공민왕과 우왕도 그러했다. 공민왕은 격구를 상당히 좋아했던 모양이다. 한번은 법을 어기고 술을 마신 관리들을 처벌하다가, 장기를 시험하여 만약 능하면 죄를 면해 주겠다는 약속을 했다. 탄핵된 최종崔宗이라는 사람이 왕 앞에서 격구를 하자, 공민왕이 기뻐하여 그 죄를 면해 주었다는 기록이 전하고 있다.

원나라의 침입으로 인해 강화도로 천도했을 때는 최충헌의 아들인 최이崔怡가 집권하고 있었다. 최이도 격구를 좋아하여, 이웃집 1백여 구區를 빼앗아 구장毬場을 만들었다. 그 구장은 동서의 길이가 수백 보에 이르렀고, 격구할 때마다 동네사람을 시켜 물을 뿌려 먼지가 날리지 않게 했다.

날마다 도방都房의 마별초馬別抄를 모아 격구를 하게 했고 혹은 창을 쓰고 말 타고 활 쏘게 했으며, 그 가운데 재주가 뛰어난 사람에게는 큰 상을 내렸다. 최이의 아들 최항이 집권했을 때에도 격구를 자주 관람했는데, 격구를 하는 마별초 가운데 황금으로 마구馬具를 장식하고, 금으로 만든 나뭇잎과 꽃을 말머리와 꼬리에 꽂은 자도 있었다.

격구를 하기 위해서는 말이 필요하고, 말이 달릴 수 있는 평탄하고 넓은 장소가 필요했다. 말을 조달할 수 있고, 넓은 장소에서 오락을 즐기며 금으로 만든 장식을 말에 달아줄 수 있었던 것은 일정한 계층 이상의 사람들이었으므로 격구는 물론 귀족들의 운동경기였다. 그러나 왕과 귀족들에게 격구는 오락의 하나였지만, 말을 타는 군인들에게는 훌륭한 군사훈련이었다.

왕과 귀족들이 격구경기를 관람할 때 이를 행한 것은

신기군이나 견룡군에 소속된 군인 또는 기사들이었다. 이들은 말을 달리면서 긴 막대기를 사용하여 공을 치는 경기를 펼침으로써 말 타는 기술을 연마할 수 있었고 말 위에서 몸을 자유자재로 움직일 수 있는 적응력을 기를 수 있었다.

또한 격구는 인위적으로 대적집단을 만들어 행하는 경기였으므로, 승부를 통해 소속감과 단결력을 기를 수 있었다. 강화도로 천도했을 때 행해진 격구는 집권자 개인의 오락을 위해 행해지기도 했지만, 그 안에는 격렬한 경기를 통해 군사훈련을 대신하고자 하는 의도도 포함되어 있었다고 보아야 할 것이다.

각저·수박·석전·격구는 각각 하는 방법, 장소와 훈련강도 면에서 매우 이질적인 종목이었다. 그러나 네 종목 모두 신체를 단련하는 체육에 '놀이'요소를 적용시켜 실제 그것을 행하는 사람과 구경하는 사람 모두에게 흥미를 유발시켰다는 점에 공통적인 특징이 있다. 많은 왕이 관람하는 것을 즐겼고, 큰 명절을 기념하는 행사의 하나였다는 것은 그 증거라 할 수 있다. 재미와 신체단련 효과를 동시에 얻을 수 있었던 고려시대의 체육은 매우 훌륭한 군사훈련방법이었다.

다만 이들 가운데 특정한 계층에 속한 소수의 사람들에게만 즐거움을 주었던 종목은 고려시대만의 독특한 풍습으로 남거나 역사 속에서 소실되었고, 운동을 하는 사람과 구경하는 사람 모두 다 즐길 수 있었던 종목은 지금까지 전승되어 훌륭한 문화유산이 되었다는 점은 역사의 교훈이라 할 수 있을 것이다.

이미지

쉬어가는 곳

노래와 춤으로 맞이한 신

쉬어가는 곳

고려인들은 무슨 음악을 즐겼나?

　　사람은 먹고 입고 거주하는 것이 가장 중요한 일이지
만, 사람을 사람답게 만드는 요소는 아름다움을 추구하는
예술적 욕구이다. 특히 노래와 춤은 예술가만의 고상한 취
미가 아니라 사람들 생활의 일부분이다. 사람들은 혼자이
건 여럿이건 노래하거나 춤춘다. 이를 통해 기쁨과 슬픔을
배출하며 삶의 무게를 이겨낸다.

　　우리들은 노래나 춤을 잘하는 사람들을 보면 환호한다.
그들이 토해내는 곡조와 가사에 울고 웃는다. 그들이 연출
하는 움직임, 그들이 두드리는 파열음, 그들이 뜯는 떨림에
매료된다. 그들의 표정과 몸짓에 탄성을 지르고 손가락 하
나하나의 놀림에 숨을 죽인다. 음악인들의 진정한 힘은 대
중과 호흡할 때 나타난다.

　　옛적에도, 고려시대에도 음악에 대한 열정은 지금 못
지않았다. 요즘은 전문음악인과 대중과의 연결이 주로 T
V · 라디오 · 음반 등 간접적인 매체를 통해 이루어지지만

기계문명 이전에는 현장에서 직접 이루어졌다. 요즘 가창력이 부족한 일부 댄스가수들이 립싱크 시비에 말려들기도 하지만 옛적에는 모두가 라이브 공연을 했으니 립싱크라는 개념조차 없었다.

고려시대 사람들은 어떤 음악을 즐겼을까? 음악인들은 어떤 모습으로 존재했을까? 고려의 음악이 조선의 음악처럼 따분하지 않았을까 하는 선입견을 지닌 사람들도 있을 것이다. 과연 어떠했는지 들어가 보기로 하자.

국립국악원이 존재하다

고려왕조는 국왕의 위엄을 드날리기 위해 '악부樂部'라고 불리는 악대를 운영했다. 악대는 '양부兩部'라고 불리는 대악서와 관현방 그리고 교방으로 이루어져 있었다. 이들 기구에는 전문음악가인 창기(기녜)와 남자악공들이 소속되어 있었는데, 그들 위에는 행정관료들이 배속되어 있었다. 음악기구를 전문음악인이 아니라 행정관료가 지배했던 것이다.

대악서와 관현방은 국가기구였고, 교방은 국왕직속의 궁중기구였다. 대악서大樂署는 황제의 음악인 '대악大樂'을 담당했는데, 이는 고려가 황제국 체제를 유지했기 때문에 붙여진 것이었다. 대악서는 주로 국가·왕실의 제사의식을 담당했으니 고상한 음악인 아악과 관련이 컸다.

관현방管絃房은 관악기와 현악기를 다루는 음악인들로 주로 구성되었으니 주로 대중음악인 속악과 관련이 컸다. 교방敎坊은 창기를 교육해 배출할 뿐만 아니라 창기악대의 중심이었다. 창기들은 대악서와 관현방에도 파견되었다.

고려는 몽골과의 오랜 항쟁 끝에 왕조는 유지한 채 몽골이 세운 원의 제후국으로 편입된다. 이에 따라 대악서는 격하되어 전악서典樂署로 개칭되었다. 공민왕 때 반원개혁으로 몽골의 간섭에서 벗어나면서 대악서와 전악서 가운데 어느 쪽을 선택할지 오락가락하다가, 중국의 새로운 주인인 명의 눈치를 보느라 전악서로 결정했다. 여기에는 새로 성장하고 있던 성리학적 유생들의 중국 존중의식도 작용했다.

성리학적 유생들은 1388년(우왕 14) 이성계의 위화도회군으로 정권을 장악하더니 고려를 멸망시키기 바로 전해인 1391년(공양왕 3)에 관현방을 폐지하고 아악서雅樂署를 설치했다. 이는 유생들이 그들이 받드는 고상한 음악인 아악이 속된 음악인 속악에 밀리자 아악을 부흥시키기 위해서 시행한 조처였다. 아악서의 설치는 유생들이 예와 악을 통해서 유교적 상하질서를 관철하기 위해 취한 지극히 인위적이고 정치적인 조치였다.

아악서는 기존의 전악서와 더불어 새로운 '양부兩部'를 구성했는데, 아악서는 아악을, 전악서는 속악을 담당했다. 고상한 음악을 좋아하는 유생들도 어쩔 수 없는 남성인지라 창기를 배출하는 교방은 폐지하지 못했다. 아악서·전악서·교방의 틀은 조선시대로 계승된다.

속악이 주류를 이루다

유교에서 음악은 독자적인 위상을 차지하지 못하고 예절과 하나를 이루어 존재했다. 예의가 서면 귀함과 천함이 나뉘고, 음악을 같이하면 위와 아래가 화합한다고 보았다. 예·악은 겉과 안을 이루어 상하질서를 유지하는 수단으로 사용되었던 것이다. 또한 유교에서는 고상한 음악인 아악을 받들었다.

고려도 물론 음악을 정치적으로 이용했지만 유교국가인 조선시대처럼 유교의 음악이론에 심하게 구애받지는 않았다. 왜냐하면 고려사회는 불교를 중심으로 유학·음양설·신선신앙·도교 등 다양한 신앙 내지 사상이 혼합되어 있었기 때문이다.

고려의 음악은 크게 중국에서 들어온 '당악'과 우리의 고유한 속악인 '향악'으로 나눌 수 있다. 당악은 아악과 속악으로 이루어졌으니 당악 가운데 속악은 우리의 향악과 더불어 속악으로 분류할 수도 있다. 아악은 예종 때 송의 대성악이 들어왔음에도 불구하고 별로 기를 펴지 못했다.

　　아악은 제사의식에 한정해 연주되었으며 게다가 제사의식에는 향악도 같이 연주되었다. 악공들은 어려운 아악을 제대로 이해하지 못했으며, 아악의 딱딱한 곡조 또한 연주해도 별로 감흥을 주지 못했으니 아악은 침체를 면치 못했다.

　　고려 음악의 주류는 아악이 아니라 속악이었다. 여기에는 향악은 물론 중국의 속악도 포함된다. 아악이 죽은 자를 위한 음악이라면 속악은 산 자를 위한 음악이었는데, 나아가 죽은 자를 위해서 연주되기도 했다.

　　속악은 연등회·팔관회·어가행차·연회 등 각종 경축 행사 때 연주되었다. 고려 최대의 행사는 부처를 모시는 연등회와 하늘·산·물·용신을 모시는 팔관회였는데, 활기 넘치는 속악이 연주되었다. 팔관회 때는 선발된 '사선四仙'이 악대를 이끌었다.

　　4명의 신선을 가리키는 '사선'은 신라 때 화랑도를 이끌었던 대표적인 4명의 화랑에서 유래했다. 신라의 '사선'은 음악의 대가들이었는데, 그들이 만든 곡조가 유행했다. 고려는 '사선'으로 대표되는 신라의 음악을 계승·발전시켰는데 여기에는 단군 이래의 고유한 신선신앙이 녹아 있었다. 우리의 속악인 향악에는 이처럼 전통신앙이 흐르고 있었던 것이다.

신라는 가야에서 만든 가야금은 물론 고구려가 중국의 칠현금을 개량하여 만든 거문고를 받아들여 발전시켰다. 가야금과 거문고는 그 곡조와 더불어 고려에서 더욱 사랑받는데, 특히 속악공연의 기본적인 현악기로 자리잡는다. 가야금과 거문고는 창기들의 필수적인 악기였으며, 사대부들의 취미용 악기였다.

속악은 대중에 뿌리를 두고 있었다. 전국에 산재해 있던 광대·악공·창기가 속악을 전파했으며, 그들 가운데 빼어난 자들은 수도로 선발되어 올라와 교방·관현방·대악서 등에 소속되었다. 수도인 개경에는 12개의 악대가 운영되었으며, 지방 중심지에도 독자적으로 악대가 존재했다. 몽골과의 항쟁 때 수도인 강화도에는 8개의 악대가 무신집권자인 최우에 의해 조직되었다.

속악은 광대들이 온갖 재주를 부리는 '백희百戲'와 밀접한 관련을 맺고 있었다. 백희는 궁중은 물론 민간에서도 널리 공연된 놀이자 종합극이었다.

속악을 공연한 악인의 중심은 창기, 즉 기녀였다. 물론 속악의 공연에 남자악공이 포함되지만 조역일 뿐 주역은 아니었다. 그래서 속악은 여악女樂으로 인식되곤 했다. 고려 음악의 주류는 속악이자 곧 여악이었다고 볼 수 있다.

창기는 단순히 노래만 하는 가수가 아니라 만능연예인이었다. 악기를 다루고 노래하고 춤추고 연기했으니 요즘으로 치면 가수·댄서·탤런트를 하나로 합쳐놓은 모습을 생각하면 된다.

창기들은 남자악공과 마찬가지로 호적이 따로 만들어져 관리되고 신분이 세습되었다. 부모가 악공이나 창기이면 그 자녀도 악공이나 창기가 되어야 했다. 그 밖에 공노비, 떠돌이 양수척, 간통죄를 범한 여인 등이 창기에 편입되었다. 그들은 전국에 걸쳐 존재했는데, 주로 관청에 소속되어 관리들을 위해 공연했으며, 고정된 수입없이 공연 수당으로 생계를 꾸려가야 했다. 그들은 천대받고 심지어 성적인 봉사를 강요받기도 했지만 고려의 음악에 생동감을 불어넣은 고귀한 존재였다.

어떠한 속악이 유행했나?

속악은 고려인들의 현실인식과 감정세계를 알려주기 때문에 중요하다. 속악에는 고려인들의 자부심이

스며들어 있었다. 여기에서 고려국왕은 옥황상제·황
제·천자로, 창기들은 옥황상제를 모시는 선녀로 묘사
되었다. 향악의 하나인 「풍입송風入松」에 그러한 모습이
잘 드러나 있다.

해동천자海東天子 지금 황제當今帝
부처가 돕고 하늘(天)이 도와 덕화를 펼치었네
세상 다스리는 은혜 깊기가
가까이나 멀리나 옛날이나 지금이나 비교 안되네
외국이 몸소 달려와 귀순하고
사방이 편안하여 창과 깃발을 내리니
성덕을 요·탕중국의 태평성대인들 비할쏜가?
…
사해四海가 태평하고 덕치가 펼쳐지니
모든 게 요임금 때보다 낫네
변방에 하나의 일도 발생하지 않으니
장군의 보검을 다시 휘두를 일이 없도다

'성수만세聖壽萬歲를 아뢰네'로 끝을 맺는 향악 「풍입송」
에서 고려의 최고지배자는 해동의 천자이자 황제로 호칭
되고 있으며, '성수만세'도 황제의 장수를 기원하는 외침
이었다. 그러니까 속악은 고려를 황제의 나라로 찬양했던
것이다. 또한 고려에는 중국인 악대, 중국 주변민족의 악

대, 인도인 악대 등이 존재하여 국제적인 음악을 맛볼 수 있었다.

고려의 속악에는 남녀의 감정이 솔직하게 표현되었다. 조선의 유학자들은 공적으로는 고려의 노래를 너무 선정적이라고 비난했지만 사석에서는 은밀히 즐기기도 했다. 조선에서 불온시된 고려가요 가운데 「쌍화점」을 감상해 보기로 하자.

쌍화점雙花店에 쌍화 사러 갔더니
회회回回아비 내 손목을 쥐더이다
이 말씀이 이 가게 밖에 새어나가면
다로러거디러 조그마한 새끼광대 네 말이라 하리라

삼장사에 불을 켜러 갔더니
주지가 내 손목을 쥐더이다
이 말씀이 이 가게 밖에 새어나가면
다로러거디러 조그마한 새끼광대 네 말이라 하리라

위 노래의 시점은 원 간섭기이다. 쌍화점은 쌍화, 즉 만두를 파는 가게를, 회회아비는 서역 사람을 가리킨다. 한 여인이 만두가게에 만두 사러 갔더니 회회사람이 손목을 잡으며 유혹했으며, 삼장사라는 절의 연등에 불을 켜러 갔더니 주지 스님이 손목을 잡으며 유혹했다는 내용이다. 원 간섭기라 성적으로 문란한 사회분위기를 반영한 측면이 있지만 고려사회가 조선사회에 비해 개방적이었음은 분명하다. 조선 유학자들은 고려가요가 음탕하다며 말살을 기도했다. 가사내용을 송두리째 바꿔버리거나 노래 자체를 폐기하는 경우가 많았다. 그 결과 지금까지 전해지는 고려가요는 몇 개 되지 않는다. 주옥 같은 고려가요가 도덕군자들에 의해 거의 다 사라져 버렸으니 참으로 안타까운 일이다.

물론 고려가요가 다 선정적인 것은 아니었다. 이별의 슬픔을 애절하게 표현한 「가시리」 같은 작품도 있었다.

가시리 가시리잇고 나를 버리고 가시리잇고
날러는 엇디 살라하고 버리고 가시리잇고
잡사와 두어리마는 선하면 아니 올세라
셜온님 보내옵노니 가시는 듯 도셔오쇼셔

떠나는 님을 잡아두고 싶어도 화가 나면 돌아오지 않을까 봐 억지로 보내는 아픔이 느껴진다. 보내면서도 다시 오라고 사정하고 있지만 기약없는 믿음뿐이다. "나를 버리고 가시는 님은 십 리도 못 가서 발병 난다"는 원망 섞인 아리랑의 구절과 비교하면 고려인들의 감정이 시원시원했다고 여겨진다.

또한 고려가요에는 현실에서 떠나 자연에 파묻힌 삶을 노래한 「청산별곡」 같은 작품도 있다. 청산 곧 푸른 산은 언제나 우리를 오라고 손짓한다.

　살어리 살어리랏다 청산에 살어리랏다
　멀위랑 다래랑 먹고 청산에 살어리랏다
　얄리얄리 얄라셩 얄라리 얄라

　우러라 우러라 새여 자고니러 우러라 새여
　널라와 시름한 나도 자고니러 우니로라
　얄리얄리 얄라셩 얄라리 얄라

　청산에서 자연과 빗심이 머루·다래 먹으면서 초연히 살려고 하지만 새의 울음소리에 잊었던 시름이 몰려오는 것은 막을 수 없음을 담백하게 표현했다. 고려인이 대자연, 새와 감정적으로 교류하는 모습이 눈에 그려진다.

　지금까지 전하는 고려가요는 고려속악의 극히 일부분이지만 고려인들의 정서를 어느 정도 맛볼 수 있다. 속악을 공연한 주역들은 창기였지만 문사들의 역할도 컸다. 고려시대에는 유학의 경전보다 문장을 중시하는 풍조가 유행했기 때문에 정지상·이규보 등 풍부한 감성을 지닌 빼어난 문사들이 많이 배출되었다.

　그들은 전국에서 채집된 대중가요를 원래의 모습을 유지하면서도 아름답게 다듬어 주옥 같은 노래를 만들어냈다. 그리고 그 노래들은 창기가 뜯고 노래하고 춤추고 연기하면서 생명력을 얻었던 것이다.

고려는 음악에서 보건대 속악의 나라, 여악의 나라였
다. 우리의 속악인 향악과 중국에서 들어온 속악이 조화를
이루어 발전했다. 조선을 건국한 성리학적 유생들은 자신
들이 받드는 아악의 중흥을 위해서 애쓴다. 그래서 속악이
조선 전기에는 아악에 밀리는 듯했지만 후기에는 세력을
만회해 간다. 그럴 수밖에 없었던 배경에는 창기들이 이끈
고려속악의 전통이 살아 작용했음을 기억해야 한다.

김창현

무격, 노래와 춤으로 신을 맞이하다

오늘날 무당이라고 하면 믿어지지 않는 이상한 이야기를 하며, 시끄러운 굿판을 벌이는 사람이라는 생각이 제일먼저 떠오른다. 이러한 생각을 갖게 된 것은 지금까지 무속을 철저하게 배척한 결과이다. 그러나 처음부터 무당들이배척을 받았던 것은 아니었다.

『설문해자』에 따르면 '무巫'는 '여자로서 형태가 없는 것을 섬기고, 춤을 추어 신神을 내리게 하는 자'라고 풀이하고있다. 『상서尙書』에는 "궁중에는 춤추며 즐겁게 노래하는사람을 두는데, 이들은 노래와 춤으로 신을 섬긴다"고 했다. 그리고 『삼국유사』에 인용된 김대문의 글에 의하면 "차차웅次次雄은 방언으로 무巫를 말한다. 귀신을 섬기니 사람들이 두려워하고 공경했다"라고 설명하고 있다.

이러한 사실로 볼 때, 무격巫覡의 연원은 상당히 오래되었음을 알 수 있으며, 그들은 노래와 춤을 통해 신을 내리고 복을 비는 존재였다. 그리고 무격들은 예언과 간언을하던 사람이기도 했다.

고구려 차대왕 3년(148), 왕이 사냥을 나갔다가 흰여우를 만났는데, 이 때 '사무師巫'가 "여우는 요사스러운 동물인데, 흰여우는 더욱 그러합니다. 이것은 스스로 행동을 돌아보고 덕을 쌓으라는 하늘의 경고입니다"라고 했다. 그리고 백제 의자왕 20년(660), 거북의 등에 "백제는 둥근 달 같고, 신라는 초생달 같다"라고 쓰여 있었는데, 무당이 말하기를 "둥근 달은 기울고 초생달은 서서히 차게 된다"고 하여 백제의 멸망을 경고했다.

한편 조선후기의 학자 이규경은 『오주연문장전산고』에서, "지금 고을에서 무격들이 둥둥 북을 치고 중얼중얼 주문을 외우며, 덩실덩실 춤을 추는데, 이것은 악귀를 쫓고 신을 내리는 것이다"라고 했다. 이처럼 무격은 조선시대까지도 활동하고 있었음을 알 수 있다. 그러면 고려시대의 무당은 어떤 모습을 하고 있었던 것일까?

무격의 신비한 능력

무당은 무격巫覡으로도 불린다. 이 때 '무'는 여자를, '격'은 남자를 의미한다. 무격은 신이 내린 존재로서 길흉화복을 점칠 뿐만 아니라 재앙을 없애고 복과 재물을 가져다

줄 수 있는 능력을 지녔다고 믿어졌다. 이러한 모습은 이규보(1168~1241)가 무격을 비판하기 위해 남긴 노무편老巫篇을 통해 구체적으로 드러난다.

뭇 사람들이 혹하는 동쪽에 사는 무당은
주름진 얼굴에 반백 수염 난 쉰 살짜리라네.
여인들이 구름같이 문을 메우고
어깨 비비며 목을 맞대어 드나드는구나.
목구멍 속의 가느다란 말은 새소리 같아
늦거니 빠르거니 두서없이 지껄이네.
천 마디 만 마디 중 요행히 하나만 맞으면
어리석은 남녀들이 더욱 공경해 받드네.

이규보는 무당이 예언과 점복을 통해 고려사람들에게 공경을 받고 있던 당시의 사정을 비판적인 시각으로 바라보고 있다. 이 시의 서두에는 나라에서 명령을 내려 무당들을 서울에 접근하지 못하게 한 사실을 전해 듣고, 이에 요사하고 괴이한 것이 없어지게 되었음을 축하하기 위해 이 시를 짓는다고 밝히고 있다. 그러나 무격에 대해 비판적인 입장은 어디까지나 유학자의 시각이었다. 무격의 축출은 그리 쉬운 일이 아니었다. 무속신앙은 고려사회에 깊이 뿌리내리고 있었던 것이다.

무격은 예언과 점복 이외에 치병治病과 기복祈福의 능

력을 가진 것으로 믿어졌다. 특히 그들은 비를 내리게 하는 능력이 있는 것으로 여겨졌다. 이에 조정에서는 무격으로 하여금 기우제를 지내도록 동원했다. 한 예로 인종 11년 5월에는 3백 명에 달하는 무당을 동원하여 도성청都省廳에서 기우제를 지냈다.

이 해 4월부터 가뭄이 심해지자 인종은 참혹한 형벌, 혹은 형벌에 시달린 백성들의 원망 때문에 그런 것이 아닌가 생각하여 중죄인은 형을 낮춰주고 경범죄자는 석방하도록 했다. 그러나 5월에 들어서는 개경 근교의 산에 송충이가 생겨서 솔잎을 갉아먹는 일이 벌어졌다. 이러한 재변이 계속해서 일어나자 인종은 무격 3백여 인을 도성청에 모아놓고 비를 빌게 했던 것이다.

이러한 일을 국가기관인 도성청에서 벌이게 한 것은 당시에 무당의 능력을 국가에서도 인정하고 있었기 때문이었다. 이처럼 무격은 예언과 점복, 치병과 기복활동에 종사했고, 종종 국가에 동원되어 기우祈雨를 하기도 했다.

무격, 신사에서 활동하다

예언과 점복, 치병과 기복의 능력이 있는 것으로 간주

청동방울 귀면(鬼面)
잡귀를 물리치는 벽사(辟邪)의 기능을 지닌 것으로
고려시대 무당이 사용하던 무구(巫具)의 하나.

된 무격들은 주로 산신사(山神祠)나 성황사(城隍祠) 같은 신사(神祠)에서 활동하고 있었다. 고려의 신사 가운데 가장 영험이 있었던 곳은 개경의 진산 송악산에 있던 산사(山祠)였다.

충선왕의 측근이었던 강융(姜融)의 누이는 송악사(松岳祠)의 무당이었다. 충렬왕 29년 봄에 간신과 내시가 태자였던 충선왕을 모함했을 때, 강융은 박경량·유복화·홍선 등과 함께 적극적으로 음모를 저지하고 충선왕에게 충성을 다했다. 충선왕이 즉위하자 그는 국왕의 총애를 한몸에 받게 되었는데, 이 때 그의 누이는 송악사의 무당이었다.

송악산은 개경의 진산으로서 고려사람들에게 성스러운 산으로 생각되고 있었고, 이 곳에 자리잡은 송악사는 영험이 뛰어나다고 널리 알려져 고위관리는 물론 인근 백성들이 복을 빌기 위해 발길이 끊이지 않는 곳이었다.

그런데 대호군이었던 김직방이 자기와 친한 무巫를 송악사에 두려고 했는데, 강융은 이를 허락하지 않았다. 이에 두 사람은 서로 욕하고 반목하게 되었다.

많은 사람이 복을 기원하고 액운을 없애기 위해 제사를 지내던 송악사는 그만큼 경제적 이익도 상당했을 것임은 분명하다. 충선왕의 측근으로서 권력을 쥔 강융은 자신의 누이를 송악사의 무당으로 있게 하여 송악사의 막대한 수입을 취했을 것이다. 따라서 김직방이 다른 무당을 송악사에 들이려 하자 강융으로서는 받아들일 수 없었던 것이다.

한편 산신사와 함께 성황사도 무격들의 주요한 활동거처였다. 신종神宗 5년에 경주사람들이 반역을 도모하던 때 있었던 일이다. 경주의 반란민들이 운문산 및 울진·초전 지역의 반란군과 연합하여 인근 고을을 위협하자 이 일은 고려조정의 큰 근심거리가 되었다. 이에 조정에서는 정언진丁彦眞으로 하여금 난을 평정하게 했다.

이 때 정언진은 성황사에 가서 은밀히 무당과 계책을 꾸몄다. 어느 날 반란군의 우두머리인 이비利備가 소원을 빌기 위해 사당에 이르렀다. 이 때 무당이 말하기를 "그대가 군사를 들어 장차 신라를 회복하려 하니 이를 기뻐한 지 오래였는데, 이제 뵙게 되니 청컨대 술 한 잔을 드리고자 합니다"라고 했다. 그리하여 이비를 술에 취하게 하고서는 그를 붙잡아 정언진에게 보냈다.

요컨대 무당은 산신사나 성황사를 근거로 점복과 치병 활동에 종사하고 있었다. 송악사에 머물던 강융의 누이나, 경주민의 반란이 일어났을 때 성황사에 기도하러 온 우두머리를 사로잡은 무당의 사례는 그러한 사정을 잘 말해준다.

무격을 배척한 사람들

　　신사를 근거로 일반민들과 밀착되어 있던 무격들은 점차 음사淫祀로 규정되면서 배척의 대상이 되었다. 인종 9년(1131) 8월에 무당이 크게 성행하자 이들을 멀리 내쫓고자 했다. 이에 무격들은 은병 1백여 개를 거두어 권세가들에게 뇌물로 바치고, 이 일을 무산시켰다. 당시 개경에 무격들이 얼마나 활동하고 있었는가는 확인할 수 없지만, 그들이 뇌물로 바친 은병 1백여 개는 상당한 액수였다.

　　인종 10년(1132) 7월, 개경의 은병 1개 시세는 쌀 5석에 해당했다. 당시 관리의 녹봉 가운데 최고액이 4백 석이었다는 것으로 생각해 보면, 무격들이 뇌물로 바친 은병 1백여 개는 결코 적은 액수가 아니었던 것이다.

　　그러나 이 일이 있은 이후에도 무격에 대한 추방은 계

속해서 이루어졌다. 무신집정자 최항崔沆은 무격을 서울 밖으로 내쫓았고, 충선왕 즉위년 4월에 태사국太史局에서는 "성중에 무격들의 제사가 날로 성하니 원컨대 성밖으로 옮기게 하소서"라고 건의했다.

그리고 충숙왕 후8년 5월에 감찰사監察司에서는 금령을 게시하기를 "무격의 무리가 요망한 말로 많은 사람들을 유혹하고 사대부의 집에서 가무를 하며 신을 제사하니 비루함이 심하다. 옛 제도에 무격은 성내에 살지를 못했으니 모두 성밖으로 물리치도록 하라"고 했다.

그런데 이러한 금령은 제대로 지켜지지 않았던 것 같다. 사실 이러한 조처는 무격을 금지하는 데에 목적이 있는 것이 아니라 단순히 이들을 성밖으로 축출하고자 했다는 점이 주목된다. 이렇게 된 데는 무격이 민간에 널리 행해지고 있었으므로 음사로 규정하여 완전히 없애는 것은 많은 무리가 따르는 일이었기 때문이다. 따라서 과도하고 빈번한 무격들의 제사행위를 제거하는 차원에서 내린 조처인 것이다.

한편 공식적인 무격 추방조처와 함께 무격들은 지방관들에게 끊임없이 배척대상이 되었다. 무격들에 대한 근본적인 문제제기는 고려 후기에 들어서 성리학이 들어오면서 시작되었다. 성리학자들은 무격을 이단으로 지목하여 배격해야 할 대상으로 삼았다.

무격에 대한 배척 사례로 가장 잘 알려진 것은 아마 안향安珦의 경우일 것이다. 안향은 원종 때 과거에 급제했는데, 충렬왕 원년에 그는 지방관이 되어 상주를 다스리게 되었다. 이 때 무당 3명이 요사스러운 신神을 받들고, 고을 사람을 유혹하여 사람의 목소리를 지어내어 꾸짖으니, 이를 듣는 자들이 앞을 다투어 굿판을 벌였다.

그러나 안향은 무당들을 곤장쳐서 칼을 씌워 옥에 가두었다. 그러자 무당들은 신神의 말이라고 하면서 안향에게 곧 재앙이 내릴 것이라고 겁을 주었다. 이에 상주사람이 모두 두려워했으나 안향은 결코 흔들림이 없었다. 결국 무당들이 잘못을 빌자 이들을 놓아주었는데, 이 일로 이 곳에서는 무당이 없어졌다.

그리고 충렬왕 때에 심양이 공주부사로 있었던 때 다음과 같은 일이 있었다.

어떤 여자가, 나주의 금성대왕이 나에게 강림했다고 하면서 장차 상국上國인 원나라로 간다고 했다. 이에 나주의 관리가 말을 내어 그녀의 여행길에 편의를 제공하여 주었고, 이어서 개경에 이런 사실을 급히 알렸다.

이 때 나주사람으로 벼슬하는 자들이 그 신령함을 믿어 충렬왕에게 아뢰어 잘 대접할 것을 의논했다. 일이 이렇게 되자 그 무당이 지나가는 고을마다 수령이 모두 예복을 차려입고 마을 밖까지 나가 맞이하고 좋은 음식을 대접했다.

무당이 공주에 이르렀을 때 다른 고을수령과는 달리 심양은 그를 맞이하지 않았다. 그러자 무당은 할 수 없이 고을 밖에서 머물렀다. 이에 밤이 되자 심양은 사람을 시켜 무당의 동태를 엿보게 했다. 그런데 무당은 그런 줄도 모르고 남자와 동침하고 있었다. 심양은 이들을 잡아 문초하고 백성과 고을 수령을 속인 죄를 물었다.

또한 우탁禹倬은 영해사록寧海司錄에 임명되었는데, 이곳 백성들은 팔령신八鈴神을 매우 받들고 있었다. 이에 우탁은 이를 부수어 바다에 던져버리고 팔령신 제사를 없애버렸다.

이처럼 안향과 우탁이 무격을 음사로 규정하여 금지한 것은 유교이념을 철저하게 시행하려는 의지 때문이었다. 『논어』에는 "그 귀신이 아닌데 제사함은 아첨이다" 했고, 『춘추좌씨전』에는 "귀신은 그 족류族類가 아니면 제사를 받지 않는다"는 것을 근거로 음사를 배척했던 것이다.

국가에서는 무격을 개경 밖으로 추방하고, 지방관들도 무격을 억압했지만 이러한 노력에도 불구하고 무격은 쉽사리 사라지지 않았다. 고려 말에 이르러서도 무격들의 활동은 여전했던 것이다. 공양왕 때의 성균박사 김초金貂는 "공자께서 말씀하시기를 '그 귀신이 아닌데도 제사지내는 것은 아첨이다'고 했습니다. 삼대 이후로 바른 도가 행하여지지 않아 사람들이 귀신을 두려워하고 이에 미혹하여 집

을 무당으로 삼고, 백성들이 부모의 신주를 버리고 명분없
는 귀신을 섬기고 있습니다. 원컨대 승려를 없애어 군인에
보충하고 무격은 먼 지방에 추방하여 서울에 살지 못하게
하며 사람마다 가묘家廟를 설치하여 부모의 신주를 편안하
게 하며 음사를 근절하소서"라고 했다.

성균박사인 김초가 유학자의 관점에서 승려와 무격을
배척하기를 주장한 것은 당시에 이들의 활동이 여전했음
을 반증해 준다.

조선으로 이어진 무격의 활동

고려 말의 성리학자들은 불교와 무격을 '음사'라고 주
장하며 이를 강력하게 비판했다. 그리고 신진사류들은 성
리학의 보급에 노력하는 한편, 새로운 실천윤리로서 주자
가례에 의한 예제禮制를 주장했다. 그러나 이러한 노력에도
불구하고 여전히 신사神祠는 중요한 신앙의 장소였고 무격
들은 필요한 존재였다.

고려의 상제례喪祭禮는 불교와 무속巫俗의 영향이 깊이
뿌리박고 있었다. 장례와 제사를 사찰에서 주관하거나 혹
은 신사에 조상의 형상을 봉안하여 숭배했다. 이러한 풍속

은 조선시대까지도 이어지고 있었다. 이와 같은 형태의 조상숭배는 불교와 무속이 그만큼 민간에 깊은 영향을 미치고 있었기 때문이었다.

따라서 사찰과 신사에서 행해지던 조상제사를 폐지하고, 가묘家廟를 세워 부모의 혼을 모시자는 성리학자들의 주장은 제대로 실행되지 않았다. 이러한 사정은 조선시대에 들어서도 마찬가지였으며, 무격에 대한 추방조처도 계속해서 취해졌다.

『세종실록』에 따르면, 세종 25년 8월에 의정부에서 음사를 금지하는 법을 올렸다고 한다.

첫째로 무당의 집에 조부모나 부모의 혼을 그려 붙이고, 이름하기를 '위호衛護'라 하고, 무당집에서 제사지내는 자가 퍽 많다. 그 가장家長은 불효로써 논죄하되, 부모를 봉양하지 않은 율에 의하여 영원히 등용하지 않는다. 또 질병을 낫게 한다고 하여 노비를 무당집에 헌납하는 자는 죄를 주고, 노비는 관가에 몰수한다.

둘째로 굿을 하거나 그 고을의 성황당에 제사지내는 자, 그리고 병을 낫게 한다고 무당집에 붙어 있는 자는 죄를 준다.

셋째로 무녀는 법률에 의하여 죄를 주되, 서울이면 외방으로 쫓고 외방이면 다른 지방으로 쫓아낸다.

이로 볼 때 세종 때까지 이어진 음사금지는 무격에 대

한 신앙이 얼마나 뿌리 깊게 민간에 자리잡고 있었는가를
상징적으로 보여준다.

김철웅

신선에 대한 갈망, 도교

동아시아 지역에서는 흔히 유교·불교·도교를 합하여 삼교三敎라고 부른다. 이렇게 불리게 된 까닭은 이들 종교가 널리 숭배되고 있었기 때문일 것이다. 그러나 유교·불교와는 달리 도교는 우리들에게는 매우 낯설게 느껴진다. 그러면 우리 역사에서 도교는 수용되지 않았던 것일까.

우리나라에 도교가 공식적으로 유입된 것은 고구려 영류왕 7년(624)과 보장왕 2년(643)이었다. 당시 고구려에서는 오두미도五斗米道라는 도교의 초기신앙을 믿고 있었는데, 영류왕 7년에 당나라의 고조가 고구려로 도사道士를 파견했다. 이와 함께 도교의 신상神像인 천존상天尊像이 들어왔고, 당나라 도사는 영류왕과 고구려 사람들에게 『도덕경』을 강론했다.

좀더 적극적인 도교수용은 보장왕 2년에 연개소문에 의해 이루어졌다. 그는 "솥에는 세 다리가 있고, 나라에는

삼교가 있는 것입니다. 신이 나라 안을 보니 유교·불교만
있고 도교는 없습니다. 그래서 나라가 위태롭습니다"라고
했다. 이에 당 태종이 도사 8인을 보내오자, 보장왕은 그들
을 사찰에 거처하게 했다. 연개소문은 고구려에 도교가 없
었다고 했지만, 그것은 유교와 불교에 맞설 만한 도교세력
이 없었다는 뜻이었을 것이다.

　신라에서도 『도덕경』과 도교의 신선사상이 유포되어
있었다. 문무왕의 아들인 김인문은 어려서부터 유가의 서
적뿐만 아니라 노장사상과 불교경전을 섭렵했다고 한다.
그리고 경주 김신시 미륵보살조상기[성덕왕 18, 719]에 따르면
"노장老莊의 소요함을 사모하여… 초야로 돌아가 『도덕경』
을 읽으며, 벼슬을 버리고 깊은 산속에 들어가 법문을 닦고
자 한다"라고 했다. 이를 보면 신라사람들은 불교와 함께
도교를 신봉하고 있었음을 알 수 있다.

　한편 고려 성종대의 유학자 최승로는 시무 28조에서
"삼교는 각각 업業으로 하는 바가 있다"고 했고, "우리 조
정의 종묘·사직의 제사는 아직도 법식대로 하지 못하는
것이 많은데, 산악의 제사와 도교의 초제醮祭는 번잡함이
도를 넘습니다"라고 한 것으로 보면 도교는 고려시대에 들
어서도 매우 성행했음을 알 수 있다. 그러면 고려시대 도교
는 어떠한 모습을 하고 있었을까?

불로장생과 신선을 항한 믿음

도교는 노장사상老莊思想과 신선사상을 바탕으로 하여 불로장생不老長生을 추구하는 종교이다. 도교에서는 이러한 영원불멸의 존재를 선인仙人 · 신선神仙 혹은 진인眞人이라고 부른다. 고려시대에는 도교가 유행하면서 신선사상이 널리 유포되고, 장생술을 수련하는 사람들도 생기게 되었다.

불로장생의 욕망에서 생겨난 신선사상은 신약神藥이나 양생술養生術을 통해 신선이 될 수 있다고 생각했다. 그리고 불사不死의 공간으로 초월적 세계인 신선경神仙境을 만들었다.

『파한집』의 저자 이인로(1152~1220)는 「쌍명재기」에서 신선에 대하여 말하기를 "바람을 호흡하며 이슬을 마시고 세상을 마음대로 다니기 때문에 밖에서 병이 침범하지 못한다. 그러므로 그 수명은 천지와 더불어 그 시작과 끝을 함께 하는 것이다"라고 했다. 이인로는 신선이 사는 이상향이 지리산에 있다는 소문을 믿고 실제로 그 곳을 찾아나서기도 했다. 그는 『파한집』에서 이 때의 일을 다음과 같이 자세히 전하고 있다.

지리산은 두류산이라고도 한다. 옛 노인들이 전하는 말로는

"그 안에 청학동靑鶴洞이 있는데, 길이 매우 가파르고 좁아서 겨우 한 사람이 다닐 수 있다. 몸을 구부리고 수십 리를 가야 넓은 땅이 전개된다. 거기에는 기름진 땅과 좋은 밭이 널려 있어 곡식을 심기에 알맞다. 그 곳에는 청학靑鶴이 살고 있기 때문에 이런 이름이 붙여졌다"고 한다.

세상을 등지고 싶은 마음이 있어 이 곳을 찾아나서기로 했다. 화엄사에서 출발하여 화개현에 이르렀다. 가는 곳마다 인간세상이 아닌 듯했으나 마침내는 청학동을 찾지 못하고 돌아왔다.

이인로는 신선사상의 영향을 받고, 무신집권기라는 암울한 현실을 벗어나고자 신선이 산다는 이상향을 찾아 나섰던 것이다.

계룡산

한편 장생술長生術을 수련하여 신선이 되려는 사람도 있었다. 장생술은 대체로 벽곡辟穀·복이服餌·조식調息·도인導引·방중술房中術 등 다섯 가지로 분류된다. 벽곡은 현재의 단식과 비슷한 것이며, 복이는 좋은 영약을 섭취하는 것이다. 조식은 단전호흡과 같은 방법을 말하며, 도인은 기氣체조나 요가 혹은 스트레칭의 일종이라고 말할 수 있고, 방중술은 성생활을 절제하여 기를 보존하는 방법이다. 고려시대에는 도교의 영향 아래 이러한 장생술을 수련한 이들이 있었다.

이인로는 신선에 대해 관심을 가지고 직접 호흡법을 실행해 보기도 했다. 그리고 이규보·유승단 등과 함께 『명종실록』의 편찬에 참여한 권경중은 일찍부터 벽곡술을 배우고 있었다. 이에 이규보는 "하필이면 신선을 바라는가… 그대는 무슨 일로 오래도록 벽곡하여 좋은 얼굴을 소나무보다 더 여위게 하나"라고 하면서 벽곡으로 인해 야위어 가는 그의 모습을 안타까워했다.

도교의 영향 아래 신선사상은 일반인들에게도 널리 전파되어 있었다. 흔히 금강산은 불교의 성산으로 알려져 있는데, 이에 대해 최해崔瀣(1287~1340)는 다음과 같이 말하고 있다.

산이 높고 계곡이 깊어 인적이 드물게 되면 기이한 사람들이 모이게 된다. 도道를 하는 자들은 어떤 산을 몇 동천洞天이라 부르고, 이 곳은 신선이 산다고 하면서 수련하여 세속으로 돌아갈 줄을 모른다. 동쪽 바닷가에 이러한 산이 있는데, 사람들이 풍악산楓岳山이라고 부른다. 그런데 승려들은 금강산이라고 하는데, 『화엄경』에 "해동보살이 머물던 곳이 금강산이다"라는 문구가 있어 이렇게 이름한다고 한다.

최해에 의하면 금강산이라는 이름은 『화엄경』에서 따왔다고 한다. 그러나 금강산은 도교를 믿는 사람들에게도 명산으로 여겨져, 그들은 풍악산이라고 다르게 부르고 있었다.

이처럼 금강산은 도교를 신봉하던 사람들에 의해 풍악산으로 불리어졌으며, 신선이 사는 곳으로 믿어진 신령스러운 산이었다. 따라서 도교를 믿는 사람들에게 풍악산은 신선이 되기 위해 장생술을 수련하기 위한 이상향으로 여겨졌다.

도교의 국가의례, 초제

원래 마리산이라 불렸던 강화도 마니산은 단군檀君이 하늘에 제사를 지냈던 곳으로 알려져 왔다. 『고려사』에 "산

정상에 참성단이 있는데, 세상에서는 단군의 제천단이라
고 한다"고 전하는 기록을 보면, 이 같은 믿음은 상당한
근거가 있어 보인다. 그러나 『세종실록』 지리지에는 이와
는 좀 다른 사실이 기록되어 있다.

마리산은 강화 남쪽에 있다. 꼭대기에 참성단이 있다. 돌로
쌓았는데 단의 높이가 10척이며, 위로는 모지고 아래는 둥글
며, 단 위의 사면은 각각 6척 6촌이고, 아래의 너비는 15척이
다. 세상에서 전해 오기를, 단군이 하늘에 제사지내던 석단石
壇이라고 한다. 산기슭에 재궁齋宮이 있는데, 예로부터 매년
봄·가을에 관리를 보내어 초제醮祭를 지내었다. 세종 12년에
2품 이상의 관원을 보내어 제사하기 시작했다. 재궁 벽 위에
시 한 편이 있다. 태종이 즉위 전에 이 곳에서 지은 것인데,
널빤지에 새기고 금으로 메웠다.

『세종실록』에 의하면 당시 사람들은 참성단을 단군이
하늘에 제사지냈던 곳으로 믿고 있었다. 그러나 일반백성
들의 관심과는 달리 마니산 참성단은 국가에서 '초제醮祭'
라는 제사를 지내던 곳이었다. 태종 이방원이 즉위하기 전
에 초제를 지냈던 것과 이 곳 재궁에 시를 남긴 사실 등을
보면 참성단은 도교제사와 관련된 곳임이 분명해진다. 초
제는 천지 및 국내의 산천 그리고 별에 대해 지내는 도교제
사를 말한다. 따라서 마니산 참성단은 도교의 제사를 지내

던 곳이었다.

고려시대에 도교는 불교·유교와 함께 3교로 취급되어 왔다. 따라서 불교·유교 의례와 함께 도교의례도 중요한 국가행사로 여겨졌다. 최승로는 「시무 28조」에서 "우리 조정의 종묘·사직의 제사는 아직도 법식대로 하지 못하는 것이 많은데, 산악의 제사와 별에 대한 초제는 번독함이 도를 넘습니다"라고 비판하고 있다. 도교제사인 초제가 고려 초부터 성행하고 있었음을 최승로의 비판을 통해 어느 정도 짐작할 수 있다.

도교제사인 초제의 첫 사례는 현종 3년 7월에 구정毬庭에서 행해진 것이다. 이 때의 초제는 '국가의 고사故事로 천지와 산천에 대한 제사'였다고 하는데, '국가의 고사'라 한 것을 보면 현종 3년 이전에 이미 도교의 초제가 고려의 공식적인 국가제사로 자리잡고 있었음을 말해 준다.

초제는 고려시대에 정기적으로 행해졌다. 도교에서는 상원上元·중원中元·하원下元을 삼원三元이라 하여 각각 음력 1월 15일·7월 15일·10월 15일에 초제를 지냈다.

현재 남아 있는 초제의 축문 가운데 중원일에 거행된 것으로는 「신격전행중원초례문神格殿行中元醮禮文」이 있다. 이를 보면 "이제 여러 신선이 상고하고 비교하는 때에 즈음하여 기도하는 청을 천 리에 공경스럽게 보내오니, 어찌 미미한 것이 홀로 영화로움을 누린다 하오리까. 더불어 모두가 편안하고 즐김을 기약하기를 바라나이다"라고 했다. '여러 신선이 상고하고 비교하는 때'라 한 것은 중원일을 가리킨다.

도교에서는 천상에 있는 선관仙官이 한 해에 세 번, 삼 원일에 인간의 선악을 살펴 이에 따라 장수와 화복을 준다 고 한다. 따라서 이 때를 맞이하여 초제를 거행하는 것이 다. 이규보가 지은 「상원청사」, 이곡이 지은 「하원초청사」 등을 보면 고려시대에는 삼원일에 정기적으로 초제가 행 해지고 있었음을 알 수 있다.

이처럼 고려의 초제는 정기적으로 행해졌다. 정기적인 초제는 국왕의 생신을 맞이하여 국왕의 장수와 안녕 등을 기원하거나 삼원일에 행해졌다. 그리고 초제는 부정기적 으로 행해지기도 했다. 이 때의 초제는 풍우가 순조하기를 빌거나, 풍년을 위해 혹은 가뭄에 비를 기원하기 위해 거행 되었다.

한편 도교의례의 주관자인 국왕은 초제를 통하여 상제 上帝·천제天帝 등에게 기원함으로써 국왕 자신이 천명을 받 은 통치자임을 표명하여 그 권위를 강화시키고 있었다. 즉 초제를 통한 제천의식은 유교의 천명사상과 함께 국왕의 통치권을 강화시키는 역할을 하고 있었던 것이다.

고려의 도교사원, 복원궁

국가제사로서 초제가 성행하고 도교신앙이 널리 유포되면서 도교사원인 도관道觀의 건립이 본격적으로 추진되기에 이르렀다. 『고려도경』에 따르면, 예종은 도교를 불교와 바꿀 것을 기대했지만 그 뜻이 이루어지지 않았다고 한 것을 볼 때, 예종시대에 도교에 대한 새로운 움직임이 일어나고 있었음을 짐작할 수 있다.

예종의 도교에 대한 특별한 관심과 함께 그의 주변에는 도교적 성향의 인물이 활동하고 있었다. 곽여와 이중약이 바로 그러한 인물로서, 예종과 이들은 군신君臣 이상의 긴밀한 관계를 가지고 있었다. 특히 이중약은 예종대 도교의 성행에 큰 역할을 하고 있었다.

숙종 때부터 의술醫術로 이름이 알려진 이중약은 예종과는 태자 때부터 친밀한 관계를 유지하고 있었다. 그리고 그는 예종에게 도관인 복원궁福源宮의 설립을 건의했다. 이러한 사정은 다음의 내용에 잘 나타나 있다.

예종이 즉위 전에 그 이름을 들으시고 궁중에 머물러 있게 하여 장차 벼슬을 주어 붙들어 두려고 했다. 선생은 세상에

종적은 나와 있으나 마음은 그대로 숨어사는 심정이어서 궁중에 머물러 있으나 즐거워하는 바가 아니었다. 뒤에 바다를 건너 송나라로 들어가 법사 황대충黃大忠과 주여령周與齡을 좇아 도道의 요지와 오묘한 진리를 전수받아 알지 못하는 바가 없었다. 본국에 돌아오게 되자 글월을 올리어 도관을 설립하여 국가를 위한 재초齋醮의 복지福地를 마련했으니 바로 지금의 복원궁福源宮이다. 이에 설법을 행하여 오묘한 진리의 문을 열어놓으니 도를 묻는 사람이 문을 메워 시장처럼 되었다.

이 글은 이중약의 일대기를 서술한 「일재기逸齋記」의 일부이다. 이에 의하면 이중약은 전래의 도교를 습득하고 나아가 송나라로 건너가 중국의 도교를 섭렵한 인물이었다. 그는 고려로 돌아와 예종에게 도관의 건립을 요청하여 마침내 복원궁을 완성시켰다. 이리하여 "도를 묻는 사람이 문을 메워 시장처럼 되었다"고 한 표현을 보면 고려사회에 도교가 매우 성행하게 되었음을 알 수 있다.

한편 인종 원년(1123) 6월에 고려에 사신으로 왔던 서긍徐兢이 남긴 『고려도경』에는 복원궁에 대해 다음과 같이 밝히고 있다.

복원관福源觀은 왕부王府의 북쪽 태화문 안에 있다. 정화 연간(1111~1117)에 건립되었다. 앞 현판에는 '부석지문敷錫之門'이라

씌어 있고, 그 다음 현판에는 '복원지관福源之觀'이라 씌어 있다. 전전殿 내에 삼청상三淸像이 그려져 있는데, 혼원황제混元皇帝의 형상이 휘종께서 그린 것과 합치되니 가상한 일이다. 이전에는 이 나라사람들이 도교의 가르침을 몰랐는데 지금은 사람들이 믿어 귀의할 줄 안다.

서긍이 말한 복원관은 복원궁을 말한다. 복원궁에는 삼청전三淸殿과 천황당天皇堂의 부속건물을 갖추었으며, 여기에는 삼청상三淸像과 천황天皇이 안치되어 있었다. 이처럼 복원궁은 도교의 최고신인 삼청과 천황을 봉안하여 도교의 신앙체계를 갖춘 도관道觀이었다. 이것은 초제를 통해 국가제사의 일부를 담당하여 왕실 중심의 신앙이었던 도교가 이제는 국가차원에서 교단도교敎團道敎로 확립되어 갔음을 말해 준다. 예종 10년경에 건립된 복원궁은 조선 초에 없어질 때까지 고려에서 가장 중요한 도관 가운데 하나였다.

고려사람들, 경신일에 밤을 지새우다

고려사회에 가장 잘 알려진 도교행사는 수경신守庚申이

었다. 수경신은 도교의 풍습으로 경신일庚申日에 잠을 자지
않고 밤을 새우는 것이다. 이 날이 되면 사람 몸속에 있는
삼시충三尸蟲이 그 사람이 자는 동안 몰래 하늘로 올라가
그 사람의 악행을 옥황상제에게 고하게 되는데 그러면 그
사람의 목숨이 줄어든다고 한다. 따라서 이 날 사람들은
잠을 자지 않고 이를 막아야 했는데, 밤을 지새우기 위해
잔치를 열기도 했다. 이러한 수경신은 고려사회에 성행한
도교풍속이었다. 충렬왕은 태자시절인 원종 6년에 수경신
을 행하고 있다.

> 태자가 안경공安慶公을 맞이하여 잔치를 베풀어 음악을 연주
> 하며 새벽까지 이르렀다. 나라의 풍속에 도가설道家說로서 매
> 년 이 날이 되면 반드시 모여 밤새껏 술 마시며 잠을 자지
> 않았다. 이것을 일러 '수경신'이라 했다. 태자도 역시 시속時俗
> 을 따르니 그 때 여론이 이를 비난했다.

태자시절에 충렬왕은 종친인 안경공을 맞이하여 잔치
를 베풀고 음악을 연주하며 수경신을 함께 하고 있다. 이러
한 사례로 보면 수경신은 왕실에서도 행해졌음을 알 수 있
다. 그리고 수경신을 '나라의 풍속'·'시속時俗'이라 한 것을
보면 고려사회에 널리 전파되어 있는 행사였음이 분명하다.
이러한 실정은 이색이 지은 다음의 시에 잘 드러나 있다.

세모歲暮인 오늘밤은 경신일인데
모두들 삼시三尸의 일이 매우 신비롭다 하네.
눈 바로 떠 삼시충三尸蟲이 해안海眼을 못 지나게 하라.
하늘이 가까워 옥황상제 계시니까.
밝으신 하느님은 그 벌레 보고 없어도 알리니
하루저녁 밤샘으로 지난 잘못 덮으려 하지 말라.

이 시에 표현된 수경신은 세모에 즈음하여 행해진 것이
다. 수경신에는 크게 두 가지 방법이 있었다. 충렬왕이 했
던 것처럼 1년 중 경신일에 하는 방법, 그리고 세모의 경신
일에 행하는 방법이다. 이 가운데 가장 일반적으로 알려진
경우는 물론 후자였다. 세모의 수경신은 지금은 민간신앙
으로 알려져 있지만 사실은 도교행사였던 것이다.

이색은 하룻밤을 지새우는 것으로 자신이 지은 잘못을
덮을 수 없을 것이라고 하면서 도교의 수경신 풍습을 비판
적으로 보고 있지만, 고려사회에서는 수경신이 '나라의 풍
속'으로 표현될 정도로 보편적인 일이었다.

도교의 어제와 오늘

고려시대에 유행한 도교는 조선의 건국과 함께 크게

위축되어 갔다. 조선의 건국세력은 유교사회를 천명함으로써 도교를 비롯해 불교·무격 등을 철저히 배격해 나갔다. 이성계가 즉위하고 20여 일이 지난 뒤 조박은 상소를 올려 불교의 법석法席과 도량, 도교의 초제와 신사神祠 등을 폐지할 것을 요청했다.

조박의 상소가 있고 나서 두 달 뒤에 조선에서는 왕실의 안녕을 기원하기 위해 소격전昭格殿과 태청관太淸觀만을 남겨두고, 고려시대부터 전해 오던 모든 도교사원을 없애버리고 말았다. 뒤에 소격전은 소격서昭格署로 개칭되었다가 결국 중종 때에 이르러 조광조의 강력한 건의에 의해 폐지되고 말았다. 이로써 조선시대의 도교는 불교와 마찬가지로 쇠퇴의 길로 접어들 수밖에 없었다.

요컨대 도교는 불로장생을 추구하는 종교로, 이를 추구하는 이상적인 존재로 신선을 상정했다. 신선이 되기 위해서 장생술을 수련했는데, 여기에는 오늘날의 단전호흡이나 단식과 같은 유사한 방법이 들어 있다. 사실 단전호흡이나 단식 그리고 기氣체조의 원리는 도교에서 비롯된 것이다. 이제 도교의 자취는 건강수련법으로나마 전승되어 지금 그 명맥을 이어가고 있을 뿐이다.

김철웅

땅과 사람의 교감인 풍수가 유행하다

사람은 살아가는 동안 다른 사람들과 어울릴 뿐만 아니라 자연과 교감한다. 땅 위에 집을 지어 생활하고 땅을 갈아 농사를 짓고 땅에서 물을 얻어 생명을 유지한다. 고개를 들면 보이는 하늘에서, 낮에는 태양이 떠올라 열기를 주고 밤에는 달과 별이 반짝이며 온기를 준다. 땅과 하늘 사이에는 시원한 바람이 불어 생명을 호흡하게 한다.

동양에서, 우리나라에서 대자연은 사람의 정복대상이 아니라 사람과 하나이다. 사람은 하늘의 양과 땅의 음이 상호 작용하는 가운데 존재한다. 음양과 오행의 기운이 자연은 물론 사람에게도 흐른다. 자연현상이 사람에게 영향을 미치며, 사람의 마음과 행동이 자연에 변화를 일으킨다. 대자연 중에서도 사람이 발을 디디고 서 있는 땅이 사람에게 보다 중요한 작용을 한다. 땅속에도 음양의 기운이 흘러 사람의 운명에 영향을 미친다고 하는데, 그러한 이론을 풍수지리설이라 한다.

아주 오랜 옛적에는 자연세계의 모든 존재에 생명이 있다고 믿었다. 땅의 산과 강물에는 영령이 깃들여 있다고 생각했으며, 특히 높거나 기이한 산은 신선이 사는 신령한 곳이라 생각하며 숭배했다. 땅의 신비한 힘을 믿는 관념은 아주 오래 전부터 저절로 형성되어 왔던 것이다.

하지만 이론체계를 갖춘 풍수지리설은 중국에서 들어 왔다고 보고 있다. 풍수지리설은 후삼국시대를 거쳐 고려시대와 조선시대에 전성기를 맞이하며 지금까지도 우리의 사고방식과 생활양식에 많은 영향을 미치고 있다.

풍수의 원리는 어떠했나?

풍수지리설은 땅속에도 음양과 오행이 흐른다고 보고 땅을 관찰해 길함을 추구하고 흉함을 피하는 사상이다. 땅의 신비한 조화에 따라 거기에 거처하는 인간의 운명이 좌우된다고 보는 점이 일반 지리학과 다른 점이다. 풍수적으로 좋은 땅은 인간이 살아가기에 적합한 곳이 많으므로 풍수설을 꼭 미신이라고 배척할 필요는 없다. 풍수에는 도읍·마을·주택 등 거주지를 정하는 양택풍수와 무덤자리를 정하는 음택풍수가 있다.

풍수설은 산·물·방위 그리고 사람의 조합으로 구성되는데, 그 핵심은 사람이 산·물·방위를 관찰해 자신에게 길한 땅인 명당을 찾는 것이다. 땅속에 흐르는 음양의 생기가 농축된 곳을 혈이라 하고, 그 앞의 평평한 곳을 명당이라 하는데, 혈과 명당을 하나로 묶어 명당이라 할 수도 있다. 주택이 풍수적으로 좋은 땅에 들어섰다면 본 건물은 혈에, 마당은 명당에 해당하는 것이다.

풍수에서 가장 기본적인 요소는 산인데, 단순히 등산하거나 감상하는 대상이 아니라 꿈틀거리는 용이다. 산(용) 속에는 땅의 기운이 흐르는 맥이 있으니 그것을 용맥이라 한다. 용맥은 태조산으로부터 여러 조산祖山을 거쳐 명당을 보호하는 주산(진산)까지 달려오는데, 그것이 좋은지 나쁜지 살펴보아야 한다. 주산 뒤의 조산을 종산宗山이라고도 한다.

명당이 되려면 그것을 둘러싼 지세가 바람을 간직하는 장풍藏風의 형국을 지녀야 한다. 명당을 둘러싼 지세는 뒤의 현무를 기준으로 설명된다. 뒤는 현무, 앞은 주작, 왼쪽은 청룡, 오른쪽은 백호라 불려진다. 이것을 사신사四神砂라 하는데, 음양의 생기를 담은 바람이 들어와 머물 수 있어야 그 안은 명당이 되는 것이다. 이렇게 되기 위해서는 명당 앞의 주작은 나지막하게 트여야 되는 반면 뒤의 현무, 좌의 청룡, 우의 백호는 잘 발달해 있어야 한다.

혈 뒤의 산은 사신사의 주인으로서 혈을 진호하므로 '주산主山' 내지 '진산鎭山'으로 불린다. 혈 앞에 멀리 위치해 주산과 대응하는 산을 '조산朝山' 내지 '객산'이라 한다. 왕에 해당하는 주산에게 신하가 조회하는 모습이라 조산이라 칭하는 것이다.

주산과 조산 사이에는 나지막한 산이 자리잡는데 '안산案山'이라 한다. 주인과 손님, 왕과 신하가 마주 대해 술잔을 기울이려면 탁자가 필요하기 때문에 그에 비유되는 산을 안산이라 했던 것이다.

산만으로는 명당이 되기 부족하다. 산은 물과 어울려야 제격이다. 생명의 근원인 물을 얻는 득수得水가 되어야 제대로 명당소리를 들을 수 있으니 그래서 그 물을 명당수라 한다. 물은 명당을 감싸듯 완만하게 흘러야 좋다. '장풍'과 '득수'가 이루어지는 땅은 명당의 조건을 충분히 갖추고 있다.

또 혈과 명당에서 바라보는 방위도 물론 고려되지만 어느 쪽으로 자리잡아야 좋은지는 풍수전문가들이라야 알 수 있다. 차가운 북풍이나 서풍을 피해 남향이나 동향 정도로 자리잡으면 무난할 것이다. 우리의 원래 풍습은 해뜨는 동쪽을 중시했는데, 중국의 영향을 받아 남쪽을 중시하는 경향을 지니게 되었다.

고려의 풍수는 어떠했나?

우리나라에서 풍수지리설이 각광을 받기 시작한 때는 군웅이 할거한 후삼국시대였다. 지방에서 성장해 세력을 떨친 호족 내지 장군들은 자신들의 근거지를 다른 지역과 구별되는 신령한 지역으로 만들고 싶었다. 여기에 적합한 사상이 풍수였으니 그들은 다투어 그것을 끌어들여 이용했다.

이 시기에는 교리를 중시하는 교종보다 참선을 중시하는 선종이 지역사회에서 유행했는데, 선종 승려 가운데는 풍수지리에 밝은 사람들이 많았다. 그 가운데서도 전라도 영암 출신의 도선은 가장 돋보이는 존재였다.

전국을 유람하던 도선은 지리산에서 음양오행의 술법과 산천 순역順逆의 형세를 깨우쳤다. '순順'은 어떤 지역의 형세가 명당에서 바라보아 순종하는 모습을, '역逆'은 거스르는 모습을 한 것을 일컫는다.

전국의 명당을 설정하고 그 곳을 중심으로 산천의 순역 형세를 집대성한 그는 순역을 이용한 전국토의 합리적인 운용원리로서 비보裨補개념을 제시했다. 비보는 '역'의 모습을 띤 곳, 텅 비고 모자란 듯 느껴지는 곳, 나쁜 기운이 흐르는 곳에 인공적으로 조형물을 만들어 결점을 보완하는 방법을 일컫는다.

왕건은 죽기 직전에 내린 훈요십조의 두번째에서 도선의 풍수지리를 강조했다.

여러 사원들은 모두 도선이 산수의 '순역'을 고찰하고 점쳐서 개창했도다. 도선이 이르기를 "내가 점쳐서 정한 외에 망령되이 창조를 더하면 지덕地德을 손상시켜 나라 운수가 길지 못할 것이다"라고 했느니라. 짐이 생각하건대 후세의 국왕, 공작과 후작, 왕후와 왕비, 조정신하들이 각기 원당顧堂이라 칭하며 혹시 창조를 더한다면 크게 우려할 만하도다. 신라 말에 절을 다투어 만듦으로써 지덕을 쇠약시켜 멸망에 이르렀으니 가히 경계하지 않으리오.

당시는 불교사회였으므로 전국에 수많이 널려 있는 절은 각 지역 사람들의 구심점 역할을 했다. 도선이 산수의 순역을 따져 절의 자리를 정하고 개창했다고 하니 왕건이 얼마나 도선의 풍수를 존중했는지 알 수 있다.

왕건은 도선이 정한 곳 이외에 함부로 절을 지어 지덕[지기]을 손상시키면 신라가 그러했듯이 고려도 오래가지 못하리라고 경고했다. 하지만 후계 왕들은 왕건의 이 경고를 무시하고 새로운 곳에 절을 많이 짓는다.

위 글에서 어떤 지역의 왕성한 지덕[지기]도 시간이 지남에 따라 또는 사람의 이용방법에 따라 쇠약해진다는 관념이 유포되었음을 알 수 있다. 이처럼 땅의 힘이 쇠퇴하거나 왕성해진다는 이론을 지기쇠왕설이라고 한다.

명당의 힘이 쇠약해지면 어떻게 해야 될까? 다른 명당으로 이사를 가면 그만이지만 근거지를 바꾼다는 게 쉬운 일은 아니다. 이것을 해결하기 위해서 나온 이론이 명당의 기운을 보충함으로써 운수를 연장하는 방법을 제시한 연기설延基說이었다. 그 방법으로는 때때로 다른 곳으로 옮겨가 머물다가 돌아오거나 종교행사를 통해 명당의 기운을 북돋우는 것 등이 제시되었다.

고려 때 전국에서 명당으로 가장 각광을 받은 곳은 송악의 개경, 평양의 서경, 한양의 남경이었다. 왕건의 선대에 어떤 풍수사가 부소산 북쪽에 위치한 송악군을 부소산 남쪽으로 옮기고 소나무를 심어 암석이 드러나지 않게 된다면 삼한을 통합하는 자가 나타난다는 예언을 하니 그렇게 했다고 한다.

부소산은 그러한 연유로 송악松嶽 내지 송악산이라 불리게 되었다. 그 유명한 도선대사가 왕건의 부친 용건을 만나, 백두산으로부터 내려와 이어진 송악산의 남쪽 명당에 집을 지으면 삼한을 통합하는 임금이 태어나리라고 예언했고, 그렇게 했더니 왕건이 태어났다고 한다.

이러한 신비한 이야기를 액면 그대로 믿기는 어렵지만

왕건의 고려에서 송악산 남쪽이 명당으로 정해졌다. 호족
이 지배한 후삼국시대에는 각 지역마다 그 곳을 중심으로
하는 풍수설이 전개되었지만 고려가 통일하면서 그 수도
인 개경(송악)중심의 풍수설로 재편되었던 것이다.

개경의 풍수는 송악산을 주산(진산)인 현무로 하고, 그
남쪽 기슭의 혈과 명당에 국왕이 머무는 궁궐을 창건했다.
동쪽의 부흥산이 청룡, 서쪽의 오공산이 백호이고, 남쪽의
용수산이 안산으로 주작이었다. 주산인 송악산을 일으킨
종산은 송악산 북동쪽의 오관산이었고, 주산인 송악산과
마주 대하는 조산朝山은 용수산 너머 남쪽의 진봉산이었다.
명당수는 송악산과 용수산에서 내려오는 물이 만나 이루
어지는데, 동남쪽으로 흘러 사천을 만들고 임진강으로 빠
져나간다.

개경은 주변이 산들로 잘 둘러싸인 장풍藏風의 형국이
라 물이 급하게 흘러 홍수의 위험이 컸다. 반면 서경은
물이 좋다. 이는 태조 왕건이 산천의 힘을 찬양하고 서경
을 중시할 것을 천명한 훈요십조의 다섯째 대목에 잘 드러
난다.

짐은 삼한 산천의 숨은 도움에 의지하여 대업을 이루었도다.
서경은 수덕水德이 순조로워 우리나라 지맥의 근본으로 대업
을 만대토록 누릴 땅이니, 마땅히 사계절의 중간 달마다 행차

해 머물러 1백 일을 넘겨 안녕에 이를 수 있도록 하라.

서경은 '평양平壤'이라는 지명이 말해 주듯이 널찍한 평야지대이며 거기에 대동강이 흐른다. 북쪽에 나지막한 금수산의 모란봉이 현무에 해당하는 주산이며 동쪽에 청룡인 대동강, 서쪽에 백호인 보통강, 남쪽에 주작인 대동강으로 둘러싸여 있으니 수덕이 좋은 득수得水의 땅이다.

장차 도읍할 땅이라며 서경을 중시했던 왕건은 후계자들로 하여금 1년에 1백 일 이상 서경에 머물라고 당부했다. 그 이유는 바로 수덕이 좋은 서경땅의 힘을 빌려야만 삼한을 통일한 고려왕조의 운수를 만대에 이르도록 유지할 수 있다는 것이었다.

한양에 남경이 건설되어 각광받은 시기는 '연기설'이 유행하는 고려 중기로 가면서였다. 한양의 풍수는 삼각산[북한산]과 목멱산[남산]을 중심으로 전개되었는데 삼각산 앞의 북악산을 주산으로 하는 조선의 풍수와 어떠한 관련을 맺는지는 잘 알 수 없다.

그런데 지기쇠왕설에 따라 송악명당도 그 힘이 쇠약해지고 있다는 이야기가 고려 중기로 접어들면서 광범위하게 유포되었다. 더구나 태조 왕건의 자손을 의미하는 용손의 운수가 12대에 이르면 다한다는 예언이 나돌고, 이자겸의 정변과 맞물려 이李씨를 의미하는 십팔자+八子가 왕이 된다는 설까지 떠돌았다. 이러한 형국은 쇠약해진 송악명당의 힘을 보완하기 위한 연기延基신앙의 유행을 가져왔다.

연기신앙의 핵심은 송악명당의 기운을 회복하려면 다른 곳에 별궁을 지어 자주 행차한다든지, 아예 도읍을 다른 곳으로 옮겨야 한다는 것이었다. 이로 인해 수많은 별궁이 개경 일대와 서경 일대에 건립되었으며 남경에도 궁궐이 마련되었다.

특히 인종 때 묘청과 정지상 등 서경파는 고려왕조의 운수를 연장해 부흥하기 위해서 서경으로 수도를 옮겨야 한다는 운동을 강력하게 전개했다. 서경으로 천도해 황제를 칭하고 독자적인 연호를 사용하면 36국이 고려에 조공을 바치고, 특히 고려가 사대를 결정한 여진족의 금나라도 무릎을 꿇을 것이라 주장했다.

인종은 서경으로 천도하려고 그 곳에 대화궐을 건설하여 완공시켰다. 하지만 김부식 등 개경파의 반발로 서경천도는 이루어지지 못했다. 이는 서경파의 정변을 불러일으켰는데, 대군을 동원한 개경파에 의해 진압당하고 만다.

인종을 이은 의종 때에는 연기신앙의 전성기였다. 의종은 치세 내내 개경 일대에 별궁을 짓는 데 온 힘을 쏟다가 무신정변을 맞이한다. 지기쇠왕설과 연기설의 유행은 고려 말에도 지속된다. 새로운 명당으로 한양이 더욱 중시되더니 이성계가 조선왕조를 열고 수도를 개경에서 한양으로 옮기게 된다.

풍수설은 단순한 신앙에 그치는 것이 아니라 정치적으로 이용되는 경우가 많았는데, 대표적인 예가 훈요십조의 한 조항이다. 태조 왕건은 훈요의 여덟째에서 풍수지리설을 이용하여 특정지역 사람들을 소외시켰다.

차현 남쪽, 공주강 바깥은 산형과 지세가 모두 배역背逆으로 달리고 인심도 역시 그러하다. 그 아래의 고을사람들이 조정에 참여하고 왕실과 혼인을 맺어 국정을 장악하면 혹 국가에 변란을 일으킬 수도 있고, 혹 통합당한 원망을 품어 왕의 행차를 범해 난을 일으킬 수 있도다. 또한 그 중에서 일찍이 관청에 속한 노비와 나루와 역驛에 속한 잡부들이 혹 세력가에게 의탁해 면제받거나 혹 왕실에 아부해 언어를 간교하게 꾸며 권력을 농단하고 정치를 어지럽혀 재앙을 가져오는 자가 반드시 있으리라. 비록 양민이라 하더라도 그들로 하여금 벼슬하여 권력을 부리도록 해서는 안되느니라.

차현[차령] 이남과 공주강[금강] 바깥은 땅의 모양이 개경을 향해 거꾸로 찌르는 '배역背逆'이라 그 쪽 사람들의 마음도 그러하니 절대로 등용하지 말라는 것이다. 이는 왕건의 고려가 자신에게 끝까지 대립한 [후]백제지역 사람들을 차별대우하고는 그것을 풍수설을 빌려 합리화시킨 것이다.

실제로는 개경에서 볼 때 차령산맥과 금강보다 오히려 소백산맥과 낙동강이 더 '배역'의 형세라고 하니, 문제의 조항은 대단히 정치적인 발언이라 하겠다.

고려시대에 유행한 풍수설은 단순한 미신이 아니라 고려인들의 일상을 지배한 신앙이었다. 도읍을 정하고 마을을 형성하고 집을 짓고 무덤을 정하는 데 응용되었다. 고려시대에는 조선시대와 달리 조상을 명당에 모시기 위한 묏자리 다툼이 별로 없었다. 왕이나 권력자들이 자신에게 유리하게 풍수설을 이용하는 문제가 종종 발생했지만 일생을 살아가면서 주변의 자연환경과 조화를 이루고자 한 것이 주된 흐름이었다.

풍수의 이론을 기계적으로 적용하지 않고 산과 물의 흐름에 순응하려 노력했다. 풍수적으로 나쁜 곳에 오히려 건물을 지음으로써 명당을 만들 수 있다는 '비보'의 발상은 고려풍수의 정수였다.

김창현

쉬어가는 곳

쉬어가는 곳